D1943097

hänssler

DIETER MESSNER

SCHON GEERBT?

Ein Notar schaut in die Paragraphen und in die Bibel

Dieter Messner (1947), Ausbildung zum Notar, anschließend als Notarvertreter tätig. Von 1994 bis 1997 im Justizministerium Baden-Württemberg, im Anschluß Berufung in das Amt des Notars in Ludwigsburg. Seit 1995 Notar in Korntal-Münchingen. Seit 1991 Vorsteher der Evangelischen Brüdergemeinde Korntal, verheiratet, drei Kinder.

hänssler-Taschenbuch
Bestell-Nr. 392.874
ISBN 3-7751-2874-3

Umschlaggestaltung: Stefanie Bunner
Satz: AbSatz Ewert-Mohr, Klein Nordende
Druck und Bindung: Ebner Ulm
Printed in Germany

Inhalt

Vorwort

Zugegeben: Das Wörtlein »erben« hat einen besonderen Klang. Wir kennen lachende und weinende Erben. Menschen, für die durch eine überraschende Erbschaft Wünsche und Träume in Erfüllung gehen. Aber auch enttäuschte Verwandte, die mit der sicher geglaubten Erbschaft gerechnet hatten.

So begegnet einem immer wieder die Frage: »Schon geerbt?«

Der Berufsalltag eines Notars ist in besonderer Weise vom Geschehen um das Erben bestimmt. Es kommen Menschen zu ihm, die ihr Testament errichten und so »ihr Haus rechtzeitig bestellen« wollen. Bei eingetretenen Erbfällen gilt es zu beraten, zu schlichten und Erbteilungen vorzubereiten. Dabei lernt man den Menschen mit seinen unterschiedlichsten Verhaltensweisen kennen. Es sind tragische Erlebnisse und auch beglückende Erfahrungen, die man als Notar macht.

In diesem Buch sind einige Erlebnisse festgehalten, die sich fast genauso ereignet haben. Zur Wahrung der Identität und des Vertrauensschutzes sind die Personennamen frei erfunden und die Abläufe zum Teil geändert worden.

»Schon geerbt?« Diese Frage will aber noch tiefer ansetzen. Es gibt auch eine immaterielle Erbschaft, die sich nicht auf Grundvermögen und Geld erstreckt. Es ist eine Erbschaft, die nach der Bibel »unvergänglich, unbefleckt und unverwelklich« ist (1. Petrusbrief 1,4).

Die einzelnen Kapitel sind daher so aufgebaut, dass in der Regel nach dem einleitenden Erlebnisbericht einige rechtliche Hinweise und Empfehlungen gegeben werden und dann die biblische Perspektive dargestellt wird.

Die Betrachtung einzelner Abläufe im Bürgerlichen Recht sollen aufzeigen, dass diese Beobachtungen bereits im göttlichen Recht ihren Ursprung haben, denn Gott ist auch ein Gott des Rechts (Jesaja 30,18).

Dass es lebenswichtig ist, sich mit dem göttlichen Recht auseinander zu setzen, bringt Cornelius Becker (1561–1604) so zum Ausdruck:

»Von Herzensgrund ich spreche: Dir sei Dank allezeit,
weil du mich lehrst die Rechte deiner Gerechtigkeit.
Die Gnad auch ferner mir gewähr;
ich will dein Rechte halten,
verlass mich nimmermehr.«

Es geht dem Verfasser nicht in erster Linie darum, Erbrecht bzw. Paragraphen des Bürgerlichen Gesetzbuchs zu vermitteln oder auszulegen. Hier gibt es gute einschlägige Literatur. Er will vielmehr zeigen, dass das Recht oft hautnah in unsere Lebensverhältnisse eingreift und daher sehr spannend sein kann. Er will den Leser aber auch zum Fragen bringen, ob er an der göttlichen Erbschaft – der Gotteskindschaft mit ihren beglückenden Erfahrungen und Perspektiven – schon beteiligt ist.

Dieter Messner

Erbe

I.

Max Knörnschildt kam einfach nicht mehr zurecht. Er konnte sich nicht damit abfinden, dass seine Frau nach 56-jähriger Ehe so plötzlich gestorben war. Dabei hatte er noch manches geplant, was er mit seiner Frau hatte unternehmen wollen. Und jetzt dieser Tod. Schon mit den einfachsten Tagesgeschäften haperte es. Seine Frau hatte ihn hierin sehr verwöhnt und für ihn alles erledigt. Seine drei Kinder schauten zwar immer wieder nach ihm. Aber jeder Besuch wurde zur Belastung, da er seine ganze innere Unzufriedenheit an ihnen herausließ. Freilich, er wusste um seine aufbrausende Veranlagung. Seine Frau hatte ihn mit ihrer klugen und bedächtig handelnden Art immer wieder »zurückgeholt«. Er spürte, dass auch seine Kinder es auf diese Weise versuchten. Aber das konnte er nicht zulassen, dass sie ihn im Alter noch erziehen. So beschränkten sich die Kinder bei ihren Besuchen auf das Notwendigste.

Wenn Max Knörnschildt in sich ging, wusste er, dass er gute Kinder hatte. Auch bei der Testamentseröffnung hatten sie sich korrekt verhalten und das gemeinschaftliche Ehegatten-Testament akzeptiert. Nach dem Testament war er Alleinerbe seiner Frau geworden. Sie hatten sich gegenseitig zu Alleinerben eingesetzt. Nach seinem Tod würden dann die Kinder das restliche Vermögen bekommen.

Er erinnerte sich noch gut an die Gespräche bei der Testamentserrichtung. Seine Frau war ebenfalls mit der Erbeinsetzung einverstanden. Sie wollte auch, dass der Überlebende »Herr im Haus« bleiben sollte. Nur bestand sie auf die Testamentsbindung: Der Überlebende von ihnen sollte die Schlusserbeinsetzung der Kinder nicht mehr ändern können. Sie begründete dies damit, dass ihre Kinder ihr gemeinschaftlich erarbeitetes Vermögen erhalten sollten. Er selbst wollte sich testamentarisch nicht binden. Doch der Notar meinte, sie hätten mit ihren 82 Jahren das meiste in ihrem Leben hinter sich und von daher sei eine Bindung vertretbar. Auch gäbe es Situationen, in denen so genannte Altersdummheiten passieren könnten. Dies hatte ihn veranlasst, das Testament zu unterschreiben. Bis jetzt war es auch gut gegangen.

Und dann ist es doch passiert. Eine Enddreißigerin, Silvia Schick, hat sich auf die Anzeige gemeldet, die Max Knörnschildt in seiner Unzufriedenheit aufgegeben hatte. Er wollte nur ein Gegenüber, das ihn anhörte, bei dem er so, wie er war, sein konnte. Silvia Schick erkannte jedoch schnell die Situation und zog zielstrebig Max Knörnschildt in ihren Bann. In fürsorglicher Weise nahm sie sich seiner an, brachte zu Hause alles aufs Laufende, hörte stundenlang den Erzählungen von Max zu. So lebte Max Knörnschildt wieder auf.

Nach einigen Monaten wurde Silvia Schick auf andere Weise aktiv: Sie schilderte Max ihre aussichtslose finanzielle Situation und ihre unsichere Zukunft. Vor allem habe sie auch keinen künftigen Rentenanspruch. Sie könne und wolle aus verschiedenen Gründen nicht in ihren erlernten Beruf zurück. Nur eine Heirat sei für sie eine gewisse Hilfe. Max Knörnschildt war so bewegt, dass er Silvia Schick einlud, zu ihm zu ziehen. An seinem 85. Geburtstag gingen sie aufs Standesamt.

Die Kinder von Max Knörnschildt beobachteten mit Sorge die Veränderungen bei ihrem Vater. Sie spürten, dass Silvia Schick ihnen den Vater abzog.

Doch die Lebensuhr von Max Knörnschildt ging schneller, als er wollte, zu Ende. Schon zwei Jahre nach seiner Heirat starb er. Kurz vorher hatte sich das ungleiche Ehepaar in einem privatschriftlichen Testament gegenseitig zu Alleinerben eingesetzt.

Bei der Testamentseröffnung war dicke Luft. Die Kinder hatten diese Entwicklung befürchtet. Martin, der älteste Sohn des Verstorbenen, brachte es auf den Punkt: »Bei einem Leben, das 87 Jahre umschließt, darf man beim Erben nicht nur die beiden letzten Jahre berücksichtigen. Als Kinder sind zunächst wir die Erben.«

II.

Das gemeinschaftliche Testament, das Max Knörnschildt mit seiner ersten Ehefrau errichtet hatte, beinhaltet bindende Verfügungen: Der erststerbende Ehegatte setzt nur dann den Überlebenden zu seinem Alleinerben ein, wenn er weiß, dass die Kinder Erben des Überlebenden werden. Der Überlebende kann diese sogenannte Schlusserbeinsetzung nicht mehr widerrufen, wenn er die Alleinerbschaft angenommen hat. Weil Max Knörnschildt daher an das erste Testament gebunden war, kann Silvia Schick aus dem zweiten Testament keine Erbschaft ableiten. Anfechtungsfristen, die ihr zugestanden hätten, sind abgelaufen.

Das zweite Testament ist unwirksam. Die Kinder werden Erben ihres Vaters.

Aus der Rückschau hat sich die bindende Verfügung in der Familie Knörnschildt als sachgerecht erwiesen. Nicht immer ist das der Fall. Hätten die Kinder ihren Vater provoziert, ihn missachtet, die Beziehungen zu ihm abgebrochen oder würden sie selbst in desolate Verhältnisse kommen, wäre eine Testamentsbindung unter Umständen verhängnisvoll. Vor allem, wenn die zweite Frau den Ehepartner jahrelang aufopferungsvoll pflegt. Deshalb muss die Frage, ob und inwieweit bindende Verfügungen angebracht sind, jeweils individuell beraten und entschieden werden.

Oft ist hier der Laie überfordert. Bei der Abfassung solcher Testamente, die eine Allein- und Schlusserbeinsetzung beinhalten, geht das Gesetz im Zweifel davon aus, dass eine Bindung gewollt ist. Auch von daher ist schon im Vorfeld eine sachgerechte Beratung angebracht.

Bindende Verfügungen kennt das Bürgerliche Gesetzbuch nur bei gemeinschaftlichen Testamenten (so genannte wechselbezügliche Verfügungen) oder beim Erbvertrag (so genannte vertragsmäßige Verfügungen). Während das gemeinschaftliche Testament nur für Eheleute reserviert ist, kann der Erbvertrag mit jedermann abgeschlossen werden. Daraus folgt, dass Geschwister grundsätzlich kein gemeinschaftliches Testament errichten können.

Silvia Schick geht dennoch nicht leer aus. Zwar wird sie nicht – wie erhofft – Alleinerbin von Max Knörnschildt. Sie ist aber pflichtteilsberechtigt und kann gegenüber den Kindern einen Geldanspruch in Höhe der Hälfte ihres gesetzlichen Erbteils (in der Regel ein Viertel) geltend machen.

Mann und Frau sollten bei Abfassung eines Testaments grundsätzlich die Frage einer eventuellen Wiederverheiratung des Überlebenden ansprechen, durchspielen und gegebenenfalls entsprechende Bestimmungen treffen. Das erfordert die Ehrlichkeit voreinander. Weiter ist es in jedem Fall empfehlenswert, bei einer Zweitehe nicht nur den Standesbeamten aufzusuchen, sondern sich auch vom Notar beraten zu lassen. Viele familiäre Konflikte könnten dann schon im Vorfeld aufgefangen werden.

III.

Martin Knörnschildt, der älteste Sohn von Max, hat bei der Testamentseröffnung beinahe die Bibel zitiert. Im Brief an die Christen in Rom schreibt der Apostel Paulus, Kapitel 8, 17:

> »Sind wir aber Kinder, dann sind wir auch Erben, nämlich Gottes Erben und Miterben Christi.«

An mehreren Stellen im Neuen Testament wird das Geschehen um das Erben ins Geistliche übertragen. Es wird an der so genannten Gotteskindschaft festgemacht: Wer zu Gott bzw. wer Gott gehört, ist an ihm erbberechtigt. Er bekommt Anteil an allem, was Gott ist und was Gott hat. Gottes erster Erbe ist und war sein Sohn Jesus Christus: »Denn in ihm wohnt die ganze Fülle der Gottheit leibhaftig« und »in welchem verborgen liegen alle Schätze der Weisheit und der Erkenntnis« (Kolosser 2,9 und 3). Nun sollen solche Menschen seinem Sohn gleichgestellt werden.

Über die göttliche Erbschaft erfahren wir in der Bibel:

1. Sie ist unvergänglich, unbefleckt und unverwelklich, (1. Petrus 1,4):
   Die irdische Erbschaft vergeht. Die göttliche wird als unvergänglich bezeichnet, im Griechischen heißt das deutlicher »eine nicht zerschmelzende Erbschaft«. So mancher Erbe hat in Anbetracht einer irdischen Erbschaft die Richtigkeit des Sprichworts schon erfahren müssen: Wie gewonnen, so zerronnen. Das gilt nicht für die göttliche Erbschaft.
   Sie ist auch unbefleckt. Damit soll angedeutet werden: Die göttliche Erbschaft ist nicht – wie so manche irdische – auf unrechtmäßige Weise zusammengekommen. Christus, der Sündlose, der »Unbefleckte«, hat sie in völligem Gehorsam gegen den Vater erworben und gibt uns Anteil daran.
   Sie ist unverwelklich, verblüht also nicht wie eine Blume. Viele irdische Erbschaften werden im Laufe der Jahre aufgebraucht oder durch eine Inflation wertlos. Nicht so die göttliche, sie verbraucht sich nicht.
2. Die göttliche Erbschaft kann nicht verdient werden (Römer 4,14; Galater 3,29; Titus 3,7).
   Schon mancher hat sein Erbe verdienen müssen: Jahrelang musste der Jungbauer um ein Taschengeld mitarbeiten, bis er den Hof übertragen bekam. Jahrelang pflegte die Tochter die Mutter, um ja das Haus zu erhalten.
   Gott teilt das Erbe seinen Kindern unentgeltlich aus. Es wird nicht durch Fleiß oder gute Taten erworben. Eine 20-jährige Mitgliedschaft im Kirchenchor oder

ein jahrelanges Engagement in einem kirchlichen Gremium ist ein Beweis großer Treue, begründet aber keinen Anspruch auf das göttliche Erbe.

3. Die göttliche Erbschaft ist das ewige Leben, der Anteil an Gottes Herrlichkeit. Diese kennt keine Tränen und kein Leid (Kolosser 1,12 und Offenbarung 21,3 und 4).
4. Die göttliche Erbschaft ist »für euch aufbewahrt im Himmel« (1. Petrus 1,4). Gott wacht darüber, dass wir dieses ewige Erbe nicht verlieren. Und Jesus sagt in seinen Abschiedsreden: »In meines Vaters Hause sind viele Wohnungen ... Ich gehe hin euch die Stätte zu bereiten« (Johannes 14,2).
   Testamente sind in einem Tresor bestens aufgehoben. Unbefugte haben dazu keinen Zutritt. So hat Gott die Erbteile für seine Kinder im Himmel aufbewahrt.

Oft leben selbst Christen so, als ob sie nichts zu erwarten hätten. Doch sie werden ermutigt, als Gottes Erben und Miterben Christi über den vollen Segen Gottes (1. Petrus 3,9) froh zu werden. Es ist sein Reich, seine künftige Herrlichkeit, die er denen verheißt, vererbt, die ihn lieb haben (Jakobus 2,5).

So wie sich Max Knörnschildt in seinem ersten gemeinschaftlichen Testament an seine Kinder gebunden hat, hat sich auch Gott gebunden: »Jesus ist der Mittler des Neuen Bundes. Sein Tod brachte die Befreiung und Erlösung von allen Übertretungen der früheren Zeit. Nun können und sollen alle, die dazu berufen sind, das ewige Erbe antreten« (Hebräer 9,15).

Erst in den neueren Übersetzungen ist hier vom »Neuen Bund« die Rede. Luther hat ursprünglich vom

»Neuen Testament« gesprochen. Das im Urtext verwendete Wort kann sowohl mit »Testament« als auch mit »Bund« übersetzt werden. Mit dem Wort »Bund« wird das göttliche Anliegen zutreffender umschrieben. Es handelt sich – so könnte man formulieren – um ein bindendes Testament: Gott bindet sich an den Menschen.

Auf Gott ist Verlass. Er wird seine göttliche Erbeinsetzung nicht widerrufen.

Du hast zu deinem Kind und Erben,
mein lieber Vater, mich erklärt.
Du hast die Frucht von deinem Sterben,
mein treuer Heiland, mir gewährt.
Du willst in aller Not und Pein,
o guter Geist, mein Tröster sein.

Johann Jakob Rambach

Testament

I.

Schon ihre Eltern hatten es Toni Müller beigebracht: Man überlässt nichts dem Zufall. Alles Handeln muss durchdacht sein, sonst lässt man's lieber bleiben. Sie ist mit dieser Lebensweisheit gut gefahren.

Als Chefsekretärin einer großen Firma hat man sich auf sie verlassen können. Bei der Verabschiedung in den Ruhestand brachte es ihr Chef auf den Nenner: eine perfekte Sekretärin, die alles im Griff hatte. Der Terminkalender des Chefs war pünktlich geführt, ihren Schreibtisch hatte sie jeden Abend aufgeräumt und auch am Telefon war sie sachlich und freundlich.

Etwas geärgert hat es sie, als ihre Mitarbeiterinnen ihr zum Abschied das Buch mit dem Titel schenkten: »Nobody is perfekt«.

Sie machte sich auch rechtzeitig Gedanken über ihr Testament, kaufte sich entsprechende Literatur und beschäftigte sich mit den Erbrechtsvorschriften. Ihr Testament sollte alles abdecken und regeln. Nichts durfte dem Zufall überlassen bleiben. Toni Müller hatte keine unmittelbaren Verwandten. Sie musste am Ende des Zweiten Weltkrieges mit ihren hochbetagten Eltern ihre Heimat verlassen. Einige Angehörige waren noch drüben. Die Kontakte sind jedoch damals abgebrochen.

Im Alter baute sich Toni Müller einen Freundeskreis auf. Während ihrer Berufszeit war dies aus Zeitgründen nicht möglich gewesen. Alle diese Freunde wollte sie bedenken, auch an den Albverein dachte sie. Dem Gesangverein, in dem sie aktiv mitsang, setzte sie sogar einen erhöhten Geldbetrag für einen Ausflug aus. Dafür sollte er an ihrer Beerdigung – mehrstimmig – die beiden Lieder singen: »Ich hat' einen Kameraden« und »So nimm denn meine Hände«.

Toni Müller hat viel über ihr Testament nachgedacht, weit mehr als über die Frage, was nach dem Sterben kommt. Als sie einmal hierauf angesprochen wurde, merkte sie an: Sie halte es mit dem guten alten Schiller, der ja einmal gesagt hatte, dass über dem Sternenzelt ein gütiger Vater wohnen müsse.

So war eigentlich alles geregelt: Das Testament, eigenhändig geschrieben, lag im Schreibtisch. Ihre Freundin war informiert. Nur die Unterschrift fehlte noch. Diese wollte sie anbringen, wenn ihr wirklich keine Änderungen und Ergänzungen mehr einfielen. Sie stellte sich auf ein langsames Abnehmen ihrer Kräfte ein. So waren ja auch ihre Eltern gestorben. Deshalb hatte sie sich schon zehn Prospekte von Alten- und Seniorenzentren kommen lassen, die sie begutachtete und mit einer Plus-Minus-Liste versah.

Es kam aber dann ganz anders. In einer Nacht erlitt sie einen Schlaganfall. Man fand sie bewusstlos. Drei Tage danach starb sie – alles Irdische war geregelt bis auf ihre Testamentsunterschrift.

II.

Das Testament beinhaltet den letzten Willen: Das, was uns wichtig ist, was Gültigkeit haben soll, was mit unserem Vermögen geschehen soll, wird festgelegt.

Solange der Testierer lebt, ist das Testament zwar errichtet, aber noch nicht fest geworden. Es kann jederzeit widerrufen oder ergänzt werden.

Das Bürgerliche Gesetzbuch kennt das privatschriftliche Testament: Jeder, der das 18. Lebensjahr vollendet hat, kann sein Testament dadurch errichten, dass er es eigenhändig schreibt, unterschreibt und es mit Ort und Datum versieht.

Das Testament von Toni Müller hatte einen entscheidenden Mangel: Es fehlte die Unterschrift. Ihr überraschender Tod hat dazu geführt, dass niemand aus der Verfügung Ansprüche ableiten konnte. Es ist bei der gesetzlichen Erbfolge geblieben. Das Nachlassgericht muss die gesetzlich erbberechtigten Verwandten ermitteln, selbst wenn es mit Schwierigkeiten verbunden ist. Gesetzliche Erben findet man immer. Dabei können die alten Kirchenbücher eine große Hilfe sein. Und wenn tatsächlich niemand gefunden wird? Hier sagt das Gesetz: Ist zur Zeit des Erbfalls weder ein Verwandter noch ein Ehegatte des Erblassers vorhanden, so ist der Fiskus gesetzlicher Erbe.

Bei Toni Müller kam es nicht so weit: Man fand nicht wenige Verwandte. Freilich, niemand von ihnen kannte die Verstorbene.

Man kann sein Testament auch zur Niederschrift eines Notars errichten. Der Vorteil besteht darin, dass der oft laienhaft geäußerte letzte Wille rechtlich geordnet aufs

Papier gebracht wird und zumindest in der Regel später keine Auslegungsschwierigkeiten entstehen. Ein weiterer Vorteil ist, dass der Notar Ausführungen zur Testierfähigkeit macht, was bei privatschriftlichen Testamenten offen bleibt und oft eine Angriffsfläche darstellt. Schließlich benötigt der in einem notariellen Testament eingesetzte Erbe später keinen Erbschein. Er erhält in Form einer beglaubigten Abschrift des Testaments und der Eröffnungsniederschrift seine Erblegitimation. Der in einem privatschriftlichen Testament eingesetzte Erbe muss sich dagegen zunächst einem Erbscheinverfahren stellen, in dem in der Regel die angehört werden sollen, die im Falle der Unwirksamkeit der Verfügung Erben sein würden. Das ist oft mit einem erheblichen Zeitaufwand verbunden. Erst mit Erteilung des Erbscheins besteht dann seine Erblegitimation.

Ein notarielles Testament kann auch schon von einem Sechzehnjährigen errichtet werden.

Freilich verursacht die Errichtung eines notariellen Testaments Gebühren. Andererseits ist in der Regel das Erbscheinverfahren gebührenrechtlich teurer. Vereinfacht kann gesagt werden: Einmal entstehen Kosten. Im ersten Fall zahlt diese der Testierer, im zweiten Fall die Erben.

III.

Ein abwechslungsreiches Gemeinschaftsspiel ist das so genannte Teekessel-Raten: Man umschreibt ein Wort, das in mehrfacher Bedeutung vorkommt. Darunter fällt auch das Testament. Es wird zum einen im genannten

Sinn verwendet. Man gebraucht es aber auch für die Bezeichnung des Buches aller Bücher, der Bibel. Wir sprechen hier vom Alten und vom Neuen Testament.

Das Testament – so haben wir gesehen – ist eine letztwillige Verfügung, die mit dem Tode des Verfügenden unwiderruflich in Kraft tritt und bestimmt, was mit seiner Hinterlassenschaft geschehen soll.

Gott hat im Alten und Neuen Testament seinen göttlichen, für uns Menschen oft nicht nachvollziehbaren Willen kundgetan. Eines seiner Testamente hat zur Nachlasssache von Jesus Christus geführt.

Wenn jemand stirbt, werden bei Gericht in der Regel Nachlassakten angelegt. In ihnen sind die wichtigsten Unterlagen sichergestellt, insbesondere auch die Testamente, die der Verstorbene hinterlassen hat.

Es gibt auch eine Nachlassakte über Jesus Christus. Sie beginnt mit seinem Tod, der am Karfreitag des Jahres 33 n. Chr. festgestellt wurde. Dann folgt das göttliche Testament. Ihm wollen wir uns jetzt zuwenden:

Das göttliche Testament in den Nachlassakten Jesu ist zum einen **rechtswirksam** errichtet und hat zum anderen einen **allumfassenden Inhalt**.

1. Das göttliche Testament ist rechtswirksam

Hierzu macht vor allem der Hebräerbrief Ausführungen. In Hebräer 9,16 und 17 lesen wir:

> »Denn wo ein Testament ist, da muss der Tod dessen geschehen sein, der das Testament gemacht hat. Denn ein Testament tritt erst in Kraft mit dem Tode.

Es ist noch nicht in Kraft, solange der noch lebt, der es gemacht hat.«

Seit dem Tode von Jesus Christus am Kreuz auf Golgatha ist dieses göttliche Testament rechtswirksam geworden. Es ist seit diesem Zeitpunkt in Kraft.

Auch wurde es eröffnet und bekannt gemacht. So wie das Nachlassgericht nach einer Testamentseröffnung alle Beteiligten vom Testament zu benachrichtigen hat, so ist das auch in der Nachlasssache Jesu geschehen. Gott hat die Bibel, das Neue Testament, durch dazu bevollmächtigte Menschen niederschreiben lassen. Seit Jahrhunderten hindurch erreicht es die Menschheit.

Auch hat Gott es nicht vergessen, das Testament zu unterschreiben, so wie es bei Toni Müller der Fall war. Er hat das Neue Testament mit dem Blut seines Sohnes Jesu Christi unterzeichnet und ihm damit Rechtskraft gegeben.

2. Das göttliche Testament hat einen allumfassenden Inhalt

Das göttliche Testament in den Nachlassakten Jesu enthält die Erbeinsetzung des Menschen in die göttliche Erbschaft.

Diese Erbeinsetzung hat aber Jesus zunächst das Leben gekostet. Sein Tod war grausam. Nicht nur, weil er gekreuzigt wurde. Das haben unzählige Menschen auch erleiden müssen. In seinem Sterben am Kreuz hat er jedoch die ganze Schuld der Menschheit auf sich genommen. Was das bedeutet, können wir nur erahnen.

Jesus hat durch die Hingabe seines Lebens im Leiden und Sterben am Kreuz Versöhnung gestiftet.

Der Schreiber des Hebräerbriefs stellt fest:

> »Sein Tod brachte die Befreiung und Erlösung von allen Übertretungen der früheren Zeit. Nun können und sollen alle, die dazu berufen sind, das ewige Erbe antreten« (Hebräer 9,15, nach Bruns).

Dieses göttliche Testament hat Bedeutung durch die Zeiten. Schon die Menschen im Alten Bund haben darauf gewartet. In Johannes 8,56 heißt es von Abraham, dass er froh ward, als er den Tag Jesu sah, als er sah, dass dieses göttliche Testament rechtswirksam wurde. Auch in der Gegenwart und in der Zukunft hat dieses göttliche Testament Gültigkeit.

Im irdischen Bereich ist der Mensch gefordert, die Erbschaft anzunehmen oder auszuschlagen. Das gilt auch für das göttliche Testament!

Adoption

I.

Angelika Maier erstarrte und kämpfte mit den Tränen. Das, was ihr soeben vom Notar eröffnet wurde, traf sie in ihrer Lebensexistenz.

Sie war nichtehelich geboren. Ihren leiblichen Vater kannte sie nicht. Ihre Mutter heiratete dann, als sie zwei Jahre alt war. Der Stiefvater war ein guter Mann. Er nahm sie beide in sein Haus auf. Als sie, Angelika, in die Schule kam, gab er ihr seinen Namen. Nun trug sie, die früher Schulze hieß, den Namen Maier. Niemand wusste praktisch, dass Herr Maier nicht ihr Vater war. Nun starben ihre Eltern auf tragische Weise bei einem Verkehrsunfall. Sie wohnte mit ihrer Familie im Hause, das dem Vater gehörte. Jetzt wollte sie die Erbschaft antreten. Aber sie erbte nicht. Sie war nicht erbberechtigt. Zwar hatte sie den Namen Maier, war aber rechtsmäßig keine Maier. Ihr fehlte die Adoption. Herr Maier hatte es versäumt, die Adoption von Angelika durchführen zu lassen.

II.

Es gibt verschiedene Ausgangsfälle bei der Adoption: Da ist das Kind in einem Heim, das zur Adoption freigegeben wird, da sind ausländische Kinder aus notvollen Verhältnissen, die adoptiert werden können, aber auch die sogenannte Stiefkindadoption, die im Hause Maier versäumt wurde. Selbst Volljährige können unter gewissen Voraussetzungen adoptiert werden: Wenn ein reicher, kinderloser Mann seinen Neffen adoptieren will, ist das möglich. Allerdings muss die Annahme sittlich gerechtfertigt sein. In der Bundesrepublik Deutschland werden jährlich ca. 10 000 Adoptionen durchgeführt.

Wenn ein Adoptionsverfahren eingeleitet wird, ist der erste Schritt die Antragstellung, die bei einem Notar protokolliert werden muss. Verschiedene Personen müssen einwilligen: Das Kind selbst; wenn es noch nicht 14 Jahre alt ist, muss es sein gesetzlicher Vertreter tun. Im Übrigen kann das Kind die Einwilligung nur selbst erteilen. Aber auch der leibliche Vater und die Mutter und auch der Ehepartner des Annehmenden müssen einwilligen. Unter gewissen Voraussetzungen kann die Einwilligung durch das Vormundschaftsgericht ersetzt werden. Vereinfachte Vorschriften gelten für den nichtehelichen Vater. Auch diese Erklärungen sind grundsätzlich beurkundungspflichtig. Die Einwilligungen können nicht unter einer Bedingung oder Befristung abgegeben werden; sie sind unwiderruflich. Die Angaben müssen durch Personenstandsurkunden nachgewiesen werden; das Jugendamt hat sich gutachterlich zu äußern.

In einem zweiten Schritt erfolgt der richterliche Beschluss. Es handelt sich um einen Rechtsakt. Der Richter, der die Unterlagen prüft, die Beteiligten hört, spricht den Beschluss aus: Es geht alles um die Frage, ob die Adoption dem Wohl des Kindes dient und zu erwarten ist, dass zwischen dem Annehmenden und dem Kind ein Eltern-Kind-Verhältnis entstehen kann.

Mit dem Ausspruch des Beschlusses entstehen die so genannten Adoptionsauswirkungen.

Drei solcher Auswirkungen sollen hier erwähnt werden:

1. Das Kind erhält die rechtliche Stellung eines ehelichen Kindes des Annehmenden. Es erhält den neuen Namen, wird in die neue Familie und die Verwandtschaft integriert. Dies wird auch im Familienbuch vermerkt. Der Annehmende wird am Kind unterhaltspflichtig und umgekehrt. Es entstehen gegenseitige Erb- und Pflichtteilsrechte.
2. Das bisherige Verwandtschaftsverhältnis des Kindes zu seinen Eltern und Verwandten und auch die sich hieraus ergebenden Rechte und Pflichten erlöschen. So wie bei einer leiblichen Geburt die Trennung der Nabelschnur von Mutter und Kind die Rechtsfähigkeit des neuen Lebens entstehen lässt, so werden bei der Adoption alle Rechte und Pflichten zur leiblichen Verwandtschaft abgeschnitten. Man kann zwar noch Kontakte halten, diese sind aber ohne rechtliche Auswirkungen.
3. Es entsteht auch ein so genanntes Offenbarungs- und Aufdeckungsverbot. Im Bürgerlichen Gesetzbuch heißt es, dass Tatsachen, die geeignet sind, die Annahme und ihre Umstände aufzudecken, ohne Zustimmung des Annehmenden und des Kindes nicht offenbart oder ausgeforscht werden dürfen.

Bei Familie Maier war man etwas gleichgültig. Man hat sich zu wenig mit der Frage auseinander gesetzt, wie Angelika tatsächlich eine echte vollwertige »Maier« wird. Die Namenserteilung war allein nicht ausreichend.

III.

Adoption kommt aus dem Lateinischen und heißt genau übersetzt »Hinzuerwählung«. Von diesem Hintergrund lässt uns die Adoption geistliches Geschehen verstehen.

Leben nach Gottes Wesen und Art entsteht nur, wenn der Mensch es will. Michael Hahn, einer der geistlichen Schwabenväter, dichtete:

Am Willen lieget viel; wer will kann sich bekehren.
Das darf man sicher lehren;
es kommt drauf an, wer will,
am Willen lieget viel.

Gott wirkt in uns das Wollen zu allem, was wir sollen.
Doch wirkt der Mensch nicht mit,
so geht es keinen Schritt.

Kommt Gott und Mensch zusammen,
so geht's in Jesu Namen
und geht gewiss zum Ziel: Am Willen lieget viel.

So wie bei der irdischen Adotion die Einwilligung des zu Adoptierenden erforderlich ist, ist dies auch im Geistlichen: Der Mensch muss wollen, in ihm muss ein Verlangen nach Gott und nach Ewigem entstehen. Ist dies nicht vorhanden, kann darum gebetet werden.

Es stellt sich – und das können unzählige Menschen bestätigen – früher oder später ein. Die verlangende Bitte des Menschen um göttliches Leben ist das, was die Bibel mit Bekehrung umschreibt: »Ich will mich aufmachen und zu meinem Vater gehen«, sagt der verlorene Sohn. Er hätte auch sagen können: Ich will mich von Gott adoptieren lassen.

Gott antwortet auf eine solche Bitte. So wie der Richter durch den Beschluss die Adoption ausspricht, so wirkt Gott in einem göttlichen Akt Neues. Wenn ein Mensch sich mit Gott verbindet und sich mit der Bibel beschäftigt, stößt er auf das herausfordernde Wort Jesu, das seinen Absolutheitsanspruch betont: »Ich bin der Weg, die Wahrheit und das Leben; niemand kommt zum Vater denn durch mich« (Johannes 14,6).

Vertraut ein solcher Mensch sein Leben diesem Christus an, wird er früher oder später, aber ganz gewiss, erfahren und dann bekennen, was Paulus in Römer 8,16 zusammenfasst: »Der Geist selbst gibt Zeugnis unserem Geist, dass wir Gottes Kinder sind.« Es ist das Wissen, ich gehöre zu Gott, was man unter Christen mit Heilsgewissheit umschreibt: Der Mensch, das Geschöpf Gottes, ist Gottes Kind geworden.

Die göttliche Adoption ist ein göttlicher Rechtsakt, der – wie die irdische Adoption – Auswirkungen hat. Auch hier wollen wir drei Auswirkungen unterstreichen:

1. Die göttliche Adoption führt in eine neue Gemeinschaft. Jesus nimmt auf dieses Geschehen Bezug, wenn er auf seine Jünger zeigt und sagt: »Siehe, das ist meine Mutter und das sind meine Brüder« (Markus 3,31 ff.). Und in Lukas 8,21 bekräftigt Jesus: »Meine Mutter und meine Brüder sind diese, die Gottes Wort hören und tun.«
   Wenn Menschen in die Gottesfamilie hineinversetzt werden, verändert sich oft der verwandtschaftliche

Kontakt. Bedingt durch die geistliche Entwicklung kann es in den persönlichen Verhältnissen zu Verschiebungen kommen.
Mit dem Rechtsakt Gottes wird auch der Name ins Lebensbuch oder »Familienbuch Gottes« eingetragen. An verschiedenen Stellen der Offenbarung ist dieses Buch des Lebens beschrieben. In Offenbarung 3,5 heißt es: »Ich werde seinen Namen nicht austilgen aus dem Buch des Lebens und ich will seinen Namen bekennen vor meinem Vater und seinen Engeln.« Vom Ende der Tage wird berichtet: »... und Bücher wurden aufgetan. Und ein anderes Buch ward aufgetan, welches ist das Buch des Lebens« (Offenbarung 20,12). Hier wird vom »göttlichen Standesamt« berichtet, in dem die festgehalten werden, die Zugang zu Gott gefunden haben und die sich in einer nach Gott verlangenden Weise ihm zur Verfügung gestellt haben, sodass er diese Menschen besonders segnen konnte. Dieses Geschehen löst Freude aus, Freude beim betroffenen Menschen (Lukas 10,20), aber auch in der unsichtbaren Welt (Lukas 15,10).
Von Gott »Adoptierte« sind auch erbberechtigt (Galater 4,7; Epheser 1,11 und 18; Titus 3,7).
Es ist lebensentscheidend zu wissen, ob wir in dem erwähnten Buch eingetragen sind.

2. So wie bei der irdischen Adoption die bisherigen Verhältnisse erlöschen, so gilt das auch im Geistlichen. Der »alte Mensch ist mit Christus gekreuzigt«, sagt der Apostel Paulus im Römerbrief, sodass er nicht mehr sündigen muss, freilich noch sündigen kann. Die Veranlagung zum Sündigen ist zwar noch da, aber das Muss des Sündigens ist aufgehoben. Mir ist durch

die göttliche Adoption die Kraft zum Überwinden geschenkt worden.

Der Kolosserbrief vergleicht dieses Geschehen mit einer Versetzung: »Gott hat uns aus der Gewalt der dunklen Mächte gerettet und uns unter die Herrschaft seines geliebten Sohnes gestellt« (Kolosser 1,13).

3. Auch bei der göttlichen Adoption gibt es ein Aufdeckungsverbot. Menschen, die in die Gotteskindschaft geführt wurden, erfahren Gewissheit der Sündenvergebung. Das, was vergeben ist, wird nicht mehr aufgedeckt. In einer bereinigten Vergangenheit darf man nicht mehr herumforschen. Den anklagenden Kräften muss die »rote Karte« gezeigt werden (Jesaja 1,18; Micha 7,18; Römer 6,18 ff. und Römer 8,1 ff.).

Die Adoption nach dem Bürgerlichen Gesetzbuch verändert natürlich nur eingeschränkt den Menschen. Es ist kein neuer Mensch, der geschaffen wird. Bei der göttlichen Adoption entsteht dagegen etwas ganz Neues. »Ist jemand in Christus, so ist er eine neue Schöpfung. Das Alte ist vergangen, siehe, Neues ist geworden«, sagt die Bibel (2. Korinther 5, 17). In der rechtlichen Wertung bleibt jedoch die Adoption im Bürgerlichen Gesetzbuch ein Abbild: Sie ist auszusprechen, wenn sie dem Wohl des Kindes dient und zu erwarten ist, dass ein neues Eltern-Kind-Verhältnis entsteht. Das gilt Wort für Wort auch für die göttliche Adoption.

Angelika Maier hatte nur den Namen Maier, war aber keine Maier. Es gibt viele Menschen, die den Namen »Christ« tragen, aber keine Christen sind. Dies ist auch die eigentliche Not der Kirchen. Für viele ist es ausreichend, Mitglied ihrer Organisation zu sein. Aber das ist nach der Bibel zu wenig. Sie will den Menschen in die organische Verbindung zu Christus bringen und ihm volles Leben ermöglichen. In Offenbarung 3,1 steht das tragische Wort: »Du hast den Namen, dass du lebst, und bist tot. Werde wach ...!«

Schuldanerkenntnis

I.

Völlig zerknirscht saß Bianca Rössler vor dem Notar. Sie war nicht besonders gesprächsbereit. Neben ihr hat der Geschäftsführer der Lebensmittelkette »Kauf ein« Platz genommen. Er erzählte, was passiert war:

Bianca Rössler sitzt an der Kasse seiner Firma, für die er als Geschäftsführer verantwortlich ist. Nun ist sie erwischt worden, wie sie geschickt in den Pausen Geld aus der Kasse entnommen und unbemerkt von anderen in ihren Personenspind gebracht hat. Von dort ist es in ihren Geldbeutel gewandert. Die Kasse hat zwar abends gestimmt. Frau Rössler ist überlegt vorgegangen: Sie hat bei Großeinkäufen verschiedenster Kunden, die sie nicht kannten, immer wieder Zusätzliches eingetippt, sich die Beträge gemerkt und Geld in dieser Höhe entnommen. Nur durch die eingebaute Überwachungsanlage ist man ihr auf die Schliche gekommen. Man hat sie über längere Zeit beobachtet und heute, als es wieder passiert ist, zugegriffen und sie überführt. Es ist daher kein »Tagesausrutscher«.

Außerdem hat Bianca Rössler immer wieder Lebensmittel unbezahlt mitgenommen. Es ist somit ein doppelter Schaden entstanden: Einerseits ist die Firma geschädigt worden, andererseits auch nicht bekannte Kunden. Frau Rössler hat dies inzwischen alles gestanden. Die Firmenleitung verlangt in solchen Fällen eine fristlose

Kündigung. Diese ist nun ausgesprochen. Von einer Strafanzeige sieht man in der Regel ab, wenn Bianca Rössler bei einem Notar ein entsprechendes Schuldanerkenntnis mit Zwangsvollstreckung abgibt. Der Schaden wurde in DM geschätzt bzw. hochgerechnet.

Bianca Rössler hat sich inzwischen etwas beruhigt. Während der Ausführungen des Geschäftsführers sind ihr die Tränen gekommen. Sie bestätigt das, was der Geschäftsführer berichtet hat und ergänzt: Sie ist in finanziellen Nöten. Ihr geschiedener Mann zahlt nur unregelmäßig für sie und ihre beiden Kinder. Um durchzukommen, muss sie ganztags arbeiten. Die Kinder sind vormittags in der Schule, nachmittags schaut immer wieder die Großmutter, die in der gleichen Straße wohnt, nach ihnen.

Sie hat aus der Zeit ihrer Ehe noch Schulden und muss Ratenzahlungen für Gegenstände aufbringen, die sie gar nicht mehr besitzt. Ihr geschiedener Mann nahm diese, als er sie im Stich ließ, einfach mit. Die Gläubiger halten sich – weil er nur gelegentlich arbeitet – an sie.

Als sie das erste Mal Geld aus der Kasse entnommen und Lebensmittel unbemerkt an sich genommen hatte, war ihr dabei nicht wohl. Sie hatte auch ein schlechtes Gewissen. Aber weil es so gut geklappt hatte und sie in so großen finanziellen Nöten war, hat sie es immer wiederholt. Sie redete sich auch ein, dass es ja praktisch keine Armen trifft, die sie schädigt. Über allem stellte sie fest: »Ich bin heute aufgerüttelt worden und weiß, dass ich mich strafbar gemacht habe. Ich bin bereit, das Schuldanerkenntnis zu unterzeichnen. Wie alles weitergehen wird – neue Schulden und keine Arbeitsstelle mehr – weiß ich nicht. Am besten gehe ich in den Neckar.«

II.

Das Bürgerliche Gesetzbuch kennt das Schuldanerkenntnis. Es ist eine Erklärung, durch die das Bestehen eines Schuldverhältnisses anerkannt wird oder anders ausgedrückt: Der Unterzeichner anerkennt, dem Berechtigten einen bestimmten Geldbetrag zu schulden. Dies bedarf in der Regel der Schriftform. Wenn sich aber der Schuldner gleichzeitig der Zwangsvollstreckung zu unterwerfen hat, ist notarielle Beurkundung erforderlich. Mit einer Zwangsvollstreckungsunterwerfung kann der Gläubiger sofort und jederzeit in das Vermögen des Schuldners vollstrecken und braucht sich nicht über den Weg der Klage einen Titel beschaffen. Der Notar erteilt dem Gläubiger auf Verlangen eine vollstreckbare Ausfertigung. Diese ist als Titelersatz für die Vollstreckung geeignet.

Dem Schuldanerkenntnis geht voraus, dass der Schuldner seine Schuld erkennt und einsieht. Ist er davon nicht überzeugt, wird er nie ein Schuldanerkenntnis unterzeichnen. Aber bei Bianca Rössler war dies der Fall: Schuld erkannt, Schuld anerkannt. Der Beurkundungsvorgang war relativ schnell vollzogen.

III.

Weit mehr Menschen als wir ahnen, leiden unter nicht eingestandener Schuld und unter unbereinigten Verhältnissen. Sie kommen darüber nicht zur Ruhe oder verdrängen sie. Der Bibel ist dieser Zustand nicht fremd. An vielen Stellen vermittelt sie Einblicke in das Herz eines

Menschen, der unter seiner Schuld leidet, aber auch Befreiung findet. In Psalm 32 lesen wir:

> »Wohl dem, dem die Übertretungen vergeben sind, dem die Sünde bedeckt ist! Wohl dem Menschen, dem der Herr die Schuld nicht zurechnet, in dessen Geist kein Trug ist! Denn als ich es wollte verschweigen, verschmachteten meine Gebeine durch mein täglich Klagen. Denn deine Hand lag Tag und Nacht schwer auf mir, dass mein Saft vertrocknete, wie es im Sommer dürre wird. Darum bekannte ich dir meine Sünde, und meine Schuld verhehlte ich nicht. Ich sprach: Ich will dem Herrn meine Übertretungen bekennen. Da vergabst du mir die Schuld meiner Sünde.«

Erschütternd und ergreifend ist das Gebet des Königs David im 51. Psalm, in dem er seinen Ehebruch und alle Folgetaten eingesteht. Aus den vielen Stellen des Neuen Testaments soll die Empfehlung aus Jakobus 5,16 erwähnt werden: »Bekennet einer dem anderen seine Sünden und betet füreinander, dass ihr gesund werdet.« Und im 1. Johannesbrief 1,8 und 9 lesen wir: »Wenn wir sagen, wir haben keine Sünde, so betrügen wir uns selbst, und die Wahrheit ist nicht in uns. Wenn wir aber unsere Sünden bekennen, so ist er treu und gerecht, dass er uns die Sünden vergibt und reinigt uns von aller Ungerechtigkeit.«

Nicht wenige Zeitgenossen sind der Auffassung, Sünde und Schuld sei eine Erfindung der Christen. Die Beschäftigung mit dem Wesen des Menschen – auch des nichtchristlichen – zeigt jedoch eindrücklich, dass es *das* Problem generell ist.

Der Mensch ist seit dem auf den ersten Seiten der Bibel geschilderten Ungehorsam anfällig für Schuld und Sünde. Dies führt zu einer doppelten Verstrickung, nämlich vertikal und horizontal, im Blick auf Gott und den Menschen.

Sünde ist nicht in erster Linie ein moralisches Fehlverhalten in einzelnen Situationen. Die griechische Grundbedeutung des Wortes »harmatia« hebt auf die Zielverfehlung im menschlichen Leben ab. Unser Leben ist in seinem Ursprung auf Gott hin angelegt. Nun werden wir aber durch die verschiedensten Einflüsse von diesem Ziel, von Gott, abgedrängt und orientieren uns an anderen Zielen. Das ist die eigentliche Grundsünde unseres Lebens, dass wir in eine falsche Richtung gehen und verkehrten Zielen nachstreben. Sünde ist also nicht zuerst ein falsches Tun, sondern eine verkehrte Lebensrichtung. Daraus entstehen aber dann die verkehrten Verhaltensweisen, die einzelnen Sünden.

Der Mensch wird so vor Gott und oft auch gegenüber Menschen schuldig. Insoweit drücken die Worte Sünde und Schuld praktisch das Gleiche aus.

Nun nennt die Bibel nicht nur Sünde und Schuld beim Namen, sondern zeigt auch den Weg der Vergebung. Jesus Christus, der Sohn Gottes, ist am Kreuz von Golgatha für die Sünde der ganzen Menschheit gestorben.

Ob wir das verstehen oder nicht, ob wir über das Kreuzesgeschehen ergriffen sind oder es verspotten, ob das Wort vom Kreuz für uns als Torheit erscheint oder eine Kraft Gottes ist: Paulus fasst in 2. Korinther 5,19 ff. zusammen:

»Denn Gott war in Christus und versöhnte die Welt mit sich selber und rechnete ihnen ihre Sünden nicht zu und hat unter uns aufgerichtet das Wort von der Versöhnung. So sind wir nun Botschafter an Christi statt, denn Gott ermahnt durch uns: Lasst euch versöhnen mit Gott. Denn er hat den, der von keiner Sünde wusste, für uns zur Sünde gemacht, damit wir in ihm die Gerechtigkeit würden, die vor Gott gilt.«

Christus hat – anders ausgedrückt – die Sünde und Schuld der Menschheit in einem Schuldbrief anerkannt. Diesen juristischen Vergleich nimmt der Kolosserbrief in Kapitel 2,14 auf:

»Er hat den Schuldbrief getilgt, der mit seinen Forderungen gegen uns war und hat ihn weggetan und an das Kreuz geheftet«,

und fährt fort:

»Er hat die Mächte und Gewalten ihrer Macht entkleidet und sie öffentlich zur Schau gestellt und hat einen Triumpf aus ihnen gemacht in Christus.«

Das Sterben Jesu am Kreuz war zum einen ein geschichtliches Ereignis. Es muss aber zum andern als für einen jeden einzelnen Menschen geschehen erkannt werden. Sonst bleibt es für ihn wertlos. Für jeden, der die große Versöhnungstat Jesu, sein Sterben am Kreuz, auf sich bezieht, hat dies persönliche Konsequenzen. Seine persönliche Sünde und Schuld ist gegenstandslos geworden, sie ist ans Kreuz geheftet.

Damit ist Vergebung zwischen Gott und Mensch geschehen. Aus ihr entsteht dann auch das Verlangen und die Kraft, den Mitmenschen um Vergebung zu bitten.

Es sind fünf Schritte, die ein Mensch gehen muss, wenn er Vergebung und Befreiung erfahren will:

1. Das Erkennen der Schuld: Es geschieht, wenn mir die Augen geöffnet werden für meinen wirklichen Zustand.
2. Das Bekennen der Schuld: Es geschieht vor Gott und in gewissen Fällen auch vor Menschen.
3. Die Vergebung der Schuld: Sie geschieht, wenn sie im Namen und in der Vollmacht Christi zugesprochen und geglaubt wird.
4. Sich distanzieren von der Schuld: Dies geschieht, wenn der Mensch um die negativen Mächte weiß, nicht mit ihnen spielt und sich in den Schutzbereich Christi begibt.
5. Neu anfangen!

Bei Bianca Rössler deckte das notarielle Schuldanerkenntnis nur einen Teil dieser Schritte ab. Ihre Verhältnisse waren noch nicht gut. Über eine Vertrauensperson konnte die Mutter von Bianca gewonnen werden, etwas gegen die Schulden zu tun. Bianca bekam auch später wieder Arbeit. Innerlich hat sie aber das belastende Geschehen erst verarbeitet, als sie ganz bewusst die genannten fünf geistlichen Schritte gegangen ist.

»Die Sünden sind vergeben!
Das ist ein Wort zum Leben
für den gequälten Geist.
Sie sind's in Jesu Namen;
in dem ist Ja und Amen,
was Gott uns Sündern je verheißt.«

Philipp Friedrich Hiller

Bürgschaft

I.

Für Susanne Brinkmann waren die Ereignisse der vergangenen Monate wie ein böser Traum, aus dem sie erwachte. Sie wollte es nicht wahrhaben und doch war es grausame Realität: Nur knapp vier Monate dauerte die Krankheit ihres Mannes Erik. Sie erlebten in Griechenland noch einen herrlichen Sommerurlaub. Wie hatte er mit Oliver, ihrem 10-jährigen Sohn, getaucht, gebadet und gesurft! Niemand dachte im Geringsten daran, dass er ein Todeskandidat war. Schon in den ersten Wochen nach der Rückkehr aus dem Urlaub, fühlte er sich nicht mehr wohl. Er ging zu seinem Hausarzt, dieser überwies ihn zum Facharzt. Von dort kam er ins Krankenhaus und kurze Zeit später hieß die Diagnose: Krebs.

Es waren noch einige Wochen des Hoffens und Bangens. Aber Susanne, die frühere Krankenschwester, sah bald, dass man Erik nicht mehr helfen konnte. Am 29. November starb er nach nur 12-jähriger Ehe im Alter von 38 Jahren.

Fünf Jahre vor seinem Tod hatte sich der Bruder von Erik, Sven Brinkmann, beruflich selbstständig gemacht. Sven brauchte anfänglich für seinen Geschäftsbetrieb einiges an Startkapital. Die Bank verlangte als weitere Sicherheit von Erik und Susanne Brinkmann eine selbstschuldnerische Bürgschaft in Höhe eines gewährten Geschäftskredits von 50.000,– DM. Die drei verstanden sich gut. Auch die Auftragslage bei Sven war ausgezeichnet. So hatten Erik und Susanne Brinkmann unterschrieben. Nach anfänglichen Erfolgen blieben jedoch infolge wirtschaftlicher Rezession die dringend benötigten Aufträge aus. Sven Brinkmann kam mit seinem kleinen Unternehmen in rote Zahlen. Wenige Wochen vor dem Tod seines Bruders Erik musste er den Betrieb schließen. Nach der Auflösung blieben 40.000,– DM Verbindlichkeiten übrig. Bei Sven war nicht mehr viel zu holen. Da er zunächst beruflich keine Anstellung bekam, forderte die Bank Susanne Brinkmann auf, den Betrag von 40.000,– DM zu bezahlen. Grundlage: die selbstschuldnerische Bürgschaft.

Bei der Nachlassverhandlung bat Frau Brinkmann den Notar um Rat.

II.

Durch den Bürgschaftsvertrag verpflichtet sich der Bürge gegenüber dem Gläubiger eines Dritten (Schuldner), für die Erfüllung der Verbindlichkeit des Dritten einzustehen. Für die Wirksamkeit eines Bürgschaftsvertrags ist grundsätzlich die schriftliche Form erforderlich. Die Bürgschaft ist für den Bürgen ein nicht ungefährliches Geschäft. Während der Gläubiger praktisch einen weiteren Haftschuldner bekommt, der Schuldner oft aufatmen kann, ist der Bürge der eigentlich Betroffene: Er steht im Ernstfall für die Verbindlichkeit eines anderen ein, ohne dass er die Möglichkeit hat, auf ihn unmittelbar Einfluss zu nehmen. Natürlich muss sich der Gläubiger zunächst an den Schuldner halten. Erst wenn dort nichts zu holen ist, greift die Bürgschaft. Der Bürge kann also die Befriedigung des Gläubigers verweigern, solange nicht der Gläubiger die

Zwangsvollstreckung gegen den Schuldner ohne Erfolg versucht hat (so genannte »Einrede der Vorausklage«).

In der Regel werden aber selbstschuldnerische Bürgschaftsverträge verlangt: Der Bürge muss im Vorfeld auf diese Einrede verzichten, sodass der Gläubiger beliebig zugreifen kann: entweder unmittelbar beim Schuldner oder beim Bürgen. Soweit der Bürge den Gläubiger befriedigt, geht die Forderung des Gläubigers gegen den Schuldner auf ihn über. In Höhe des gezahlten Betrags haftet ihm dann der Schuldner.

So hilfreich die Bürgschaft in der Regel für den Schuldner ist und für ihn oft **befreiend** wirken kann, so **gefährlich** kann sie für den Bürgen sein. Daher weiß sich auch der Schuldner dem Bürgen gegenüber **verpflichtet**.

Die Bibel mit ihren vielen Lebensweisheiten zeigt ebenfalls die Gefährlichkeit auf. In den Sprüchen des Königs Salomo heißt es: »Wer für einen anderen bürgt, der wird Schaden haben. Wer aber sich hütet, Bürge zu sein, geht sicher«, Kapitel 11,15, oder: »Sei nicht einer von denen, die mit ihrer Hand haften und für Schulden Bürge werden; denn wenn du nicht bezahlen kannst, so wird man dir dein Bett unter dir wegnehmen«, Kapitel 22,26+27.

Schon viele Menschen haben aus guten Motiven, nämlich einem anderen helfen zu wollen, eine Bürgschaft unterzeichnet und später ein großes Vermögen verloren. Stellvertretend für viele sei der auf dem Alten Friedhof in Korntal begrabene Johann Friedrich Maier genannt. Er war ein Mann, der als Lehrer und Christ ein eindrückliches Leben in heiterer Fröhlichkeit, Gütigkeit und Gottergebenheit gelebt hat. Seine Handschrift war offenbar so klar und gestochen, dass der damalige König von Württemberg ihn als Sekretär in seinem Kabinett haben wollte.

Aber er blieb Korntal treu. In seiner Güte hatte er einmal auch eine Bürgschaft unterzeichnet und dabei sein ganzes Vermögen verloren.

So tragisch lief es bei Susanne Brinkmann und ihrem Sohn Oliver, der ja als Miterbe nach seinem Vater mithaftete, nicht hinaus. Mit der Bank konnte auch in anbetracht der Minderjährigkeit von Oliver, ein befriedigender Vergleich erreicht werden.

III.

Auch im rechtlichen Geschehen der Bürgschaft können geistliche Vorgänge entdeckt werden. Biblisch ausgedrückt, hat sich Jesus Christus gegenüber Gott verpflichtet, für die Schuld der Menschheit, die sie sich selbst aufgeladen hat und auflädt, einzustehen. Weil nach der Bibel Gott ein Gott des Rechts ist, ist er auch der Garant, dass göttliches Recht zum Vollzug kommt. Martin Luther hat dieses Geschehen in seiner damaligen Ausdrucksweise so zusammengefasst:

»Gott sprach zu seinem lieben Sohn:
Die Zeit ist hie zu erbarmen;
fahr hin, mein herzenswerte Kron,
und sei das Heil dem Armen,
und hilf ihm aus der Sündennot,
erwürg für ihn den bittern Tod,
und lass ihn mit dir leben.«

Und Jesus selbst bringt es in Kurzform auf den Nenner: »Wenn euch nun der Sohn frei macht, so seid ihr wirklich frei« (Johannes 8,36). Hätte Jesus es juristisch ausdrücken wollen, hätte er gesagt: Weil ich für euch als Bürge einstehe, bezahle ich für euch.

Auch für Jesus Christus war die geistliche Bürgschaft ein **gefährliches Unterfangen**. Es hat ihn nicht Geld, sondern sein Leben gekostet. Im Garten Gethsemane bat er seinen Vater noch: Entlass mich doch aus diesem Bürgschaftsversprechen. Freilich fügte er die entscheidenden Worte hinzu: »Doch nicht wie ich will, sondern wie du willst« (Matthäus 26,39).

Die geistliche Bürgschaft hat jedoch auch **befreiende Wirkung**: Der Mensch in seiner Schuldverstrickung und Unvollständigkeit erfährt: Es ist einer da, der für mich bei Gott einsteht. Es ist einer da, der mich von allen Abhängigkeiten und Bindungen frei macht. Dabei geht die Bürgschaft Jesu noch weit über die Bürgschaft des Bürgerlichen Gesetzbuchs hinaus: Bei dieser hat der Bürge, der eingestanden ist, Ersatzansprüche gegen den Dritten. Das gibt es bei Jesus nicht. Bei ihm wird nichts übergeleitet. Der Dritte, der Mensch, wird frei, ist frei.

Dies führt zum dritten Gedanken: Die geistliche Bürgschaft hat **verpflichtenden Charakter**. Wer die Bürgschaft Jesu erfährt, ist künftig ihm allein verpflichtet. Es ist die Dankbarkeit, die ihn an den Bürgen bindet.

»Gott ist getreu. Er tut, was er verheißt.
Er hält, was er verspricht.
Wenn mir sein Wort den Weg zum Leben weist,
so gleit und irr ich nicht.
Gott macht den liebsten Sohn zum Bürgen,
er lässt ihn sterben und erwürgen.
Gott ist getreu.«

Ehrenfried Liebich

Vormerkung

I.

Fred und Tina Baumann haben lange Ausschau gehalten, bis sie ihre Traumwohnung gefunden hatten. Ihre Vorstellungen waren konkret: Es sollte eine Penthouse-Wohnung mit sinnvoll-praktischem Zuschnitt in einer überschaubaren Einheit, nahe an einem S-Bahn-Anschluss und zu einem vernünftigen Preis sein. Wer sucht, der findet. Über eine Anzeige sind sie auf die Firma »baumit« aufmerksam geworden, die gerade zwei Sechsfamilienhäuser baute. Der Rohbau war fertig gestellt, die meisten Wohnungen schon verkauft. Die Penthouse-Wohnung, die genau ihren Vorstellungen entsprach, konnte noch erworben werden. »Mir kommt es vor, wie wenn einer für uns die Wohnung reserviert hätte«, sagte Fred zu seiner Frau. Sie freute sich ganz besonders über die große Dachterrasse, für ihn war es ein angenehmer Gedanke, dass er ohne Maklerprovision zu dieser Wohnung kam.

Es ging alles flugs: Kaufvertragsabschluss, Anzahlung und Baumanns freuten sich schon auf den Einzug, den man ihnen in ca. fünf Monaten garantierte.

Es war einige Wochen später. Fred traute seinen Augen nicht, als er eine Notiz in der Zeitung las, dass die Firma »baumit« beim Amtsgericht Antrag auf Eröffnung des Konkursverfahrens gestellt hatte. Das schlug bei Baumanns wie eine Bombe ein. Sofort fuhren sie zu ihrem Verkäufer, den sie nicht antrafen, dann zur Baustelle.

Dort waren bereits weitere Käufer. Äußerlich konnten sie nichts Auffälliges feststellen. Gemeinsam beschlossen sie den Notar, der die Kaufverträge beurkundet hatte, aufzusuchen und sich beraten zu lassen. Alle Käufer waren völlig aufgebracht. Sie sahen schon ihr Geld verloren. Doch der Notar konnte sie beruhigen: Die Käufer seien alle im Grundbuch vorgemerkt, ihre erworbenen Wohnungen könne man ihnen nicht mehr nehmen. Sie seien zwar noch nicht bezugsfertig, doch die Kaufpreiszahlungen entsprächen dem Baufortschritt.

II.

Wenn eine Baufirma in Konkurs fällt, geht grundsätzlich alles, was ihr gehört, in die Konkursmasse: die gezahlten Kaufpreisraten, aber auch die verkauften Eigentumswohnungen, denn im entscheidenden Zeitpunkt war die Baufirma im Grundbuch noch als Eigentümer eingetragen. Nun kommt es entscheidend darauf an, dass der Käufer im Grundbuch vorgemerkt, für ihn eine Vormerkung eingetragen ist. Die Vormerkung ist ein Sicherungsmittel, das dem Käufer sein künftiges Eigentum garantiert.

Die Vormerkung zeigt an: Niemand und nichts kann dem Berechtigten sein Recht nehmen. Auch der Konkursverwalter nicht. Er muss die im Grundbuch mit Vormerkungen versehenen Eigentumswohnungen freigeben. Die Konkursordnung spricht hier von der »Aussonderung«. Wer vorgemerkt ist, wird also ausgesondert.

Wäre die Vormerkung im Grundbuch nicht eingetragen gewesen, hätte es für die Käufer sehr schlecht ausgesehen. Sie hätten kein Aussonderungsrecht für ihre erworbene Eigentumswohnung gehabt. Auf die Vormerkung kommt es also an.

Die Eintragung einer Vormerkung im Grundbuch ist also dann erforderlich, wenn der Verkäufer in Konkurs fallen kann oder die Gefahr besteht, dass er den Kaufgegenstand nochmals verkauft. Sind diese Risiken ausgeschlossen, kann auf eine Vormerkung – auch aus Kostengründen – verzichtet werden. Freilich muss hier bei jedem Kaufvertrag individuell beraten und entschieden werden.

Baumanns atmeten auf: Sie wussten jetzt, dass sie vorgemerkt waren. Zwar wird noch manches auf sie zukommen, bis sie in ihre Traumwohnung einziehen können, aber niemand und nichts kann ihnen die Penthouse-Wohnung nehmen.

III.

Dieses Geschehen ist ein praktisches Beispiel für das Leben eines Menschen, der Christ geworden ist. Er steht in einem Spannungsverhältnis zwischen dem »schon jetzt« und dem »noch nicht«.

Der Christ ist »noch in der Welt«, aber »nicht von dieser Welt« (Johannes 17,14-16). Er ist durch Christus »eine neue Schöpfung« (2. Korinther 5,17) und doch leidet er unter dem »alten Adam« und wartet darauf, ganz in die vollen Sohnesrechte eingesetzt zu werden, damit sein Leib die endgültige Befreiung und Umgestaltung erfährt (Römer 8,23).

Er ist noch nicht vollendet und lebt doch auf ein unaussprechlich herrliches Vollendungsziel hin (1. Johannes 3,2).

Noch leidet er unter den Zerreißproben in dieser Welt (1. Petrus 1,6), blickt aber im Glauben auf die Herrlichkeit des Herrn und erfährt dabei seine Umgestaltung (2. Korinther 3,18).

In einem Spannungsverhältnis braucht man, um zukunftsorientiert zu leben, sichere Grundlagen und einen festen Anker. Der Apostel Paulus nimmt dies im Epheserbrief auf und schreibt in Kapitel 1,14:

> »Der Heilige Geist ist das Angeld auf unser künftiges Erbe, dass die Erlösung bei euch einmal voll verwirklicht werden soll – zum Lobpreis seiner herrlichen Majestät« (nach Bruns).

Wir könnten auch übersetzen: Es ist der Heilige Geist, der uns bei Gott vormerkt, dass wir sein Eigentum werden zum Lob seiner Herrlichkeit.

Im Urtext ist im 14. Vers das Wort »arabon« enthalten. Das ist ein Begriff aus der Rechtssprache und bedeutet so viel wie Vorauszahlung. Indem ich etwas hergebe, hingebe, erhalte ich eine Zusage, eine Sicherheit. Aus diesem Begriff hat sich auch die so genannte Anwartschaft entwickelt: Ich bekomme einen Anteil am Vollkommenen. In der Anwartschaft ist das ganze Recht enthalten. Dem Anwartschaftsberechtigten wird garantiert: Du wirst Endgültiges erlangen. Luther übersetzt diesen Rechtsbegriff mit Pfand und deutet damit Ähnliches an.

Der werdende Eigentümer – so haben wir gesehen – kann sich auf die Vormerkung verlassen. Durch die

Vormerkung im Grundbuch erhält er eine Anwartschaft: Sie zeigt ihm an, was er schon jetzt hat, und sie garantiert ihm das Endgültige. Nichts kann ihm mehr das Eigentum nehmen, nicht einmal der Konkurs, es sei denn, er lässt die Vormerkung löschen, er gibt das künftige Eigentum auf.

So wie ein werdender Eigentümer im Grundbuch vorgemerkt wird, wird ein Mensch, der sich mit Christus verbindet, im Lebensbuch Gottes vorgemerkt. Auch er erfährt ein Doppeltes: Das »schon jetzt des Christseins« und das »noch nicht des Christseins«.

1. Schon jetzt

Es gilt, sich durch den Heiligen Geist zeigen zu lassen, was Christen schon jetzt haben. Einige Bibelstellen belegen dies:

Schon jetzt
- haben wir die Erlösung durch sein Blut (Epheser 1,7),
- sind wir versöhnt mit Gott (Römer 5,10 ff.),
- haben wir den Geist aus Gott erhalten (1. Korinther 2,12),
- sind wir eine neue Schöpfung (2. Korinther 5,17),
- sind wir ein Tempel des Heiligen Geistes (1. Korinther 3,16),
- besitzen wir unauflösliches, unvergängliches Leben (1. Korinther 15,53 ff.),
- sind wir für ihn da zum Lobpreis der Herrlichkeit seiner Gnade (Epheser 1,6).

Freilich kann man diesen Stand verspielen, aufgeben, so wie ein Käufer seine Vormerkung löschen lassen kann.

2. Noch nicht

Christen sind keine fertigen Leute. Für sie gilt: Ich bin Christ und bin auf dem Wege, einer zu werden. Es gilt: Werde, was du bist.

Noch nicht
– sind wir, was wir sein werden; wir wissen aber, wenn es offenbar wird, dann werden wir ihm gleich sein (1. Johannes 3,2),
– ist unser Körper der Vergänglichkeit verwandelt, wir erwarten aber Christus, der unseren Körper verwandeln wird, dass er gleich gestaltet sein wird dem Körper seiner Herrlichkeit (Philipper 3,20 und 21).

Es ist der Heilige Geist, der dem Christen bezeugt, dass er bei Gott vorgemerkt ist und von ihm ausgesondert wird. Solche Christen bekennen mit dem Apostel Paulus: »Ich bin der guten Zuversicht, dass der, der das gute Werk in uns angefangen hat, es auch vollenden wird bis an den Tag Christi Jesu« (Philipper 1,6).

Testamentsvollstrecker

I.

Hans und Meta Bergen hatten in ihrem Alter ein besonderes Hobby entdeckt: Sie, die kinderlos verheiratet waren, interessierten sich für ihre Abstammung und betrieben Ahnenforschung. Das war in ihrem Fall gar nicht einfach: Beide sind als Einzelkinder aufgewachsen und kamen aus Gegenden, aus denen ihre Vorfahren – wie sie selbst – vertrieben worden waren. Hans ist in Königsberg aufgewachsen, Meta in Oberschlesien. In den Kriegswirren haben sie sich kennen gelernt und geheiratet. Im Schwabenland sind sie seit vielen Jahren heimisch geworden. Die politischen Veränderungen im Osten haben – nach dem sie sich im Ruhestand befanden und Zeit hatten – ihr Interesse an ihrer Herkunft wieder entstehen lassen.

Manches konnten sie feststellen, aber bei mehreren Verwandtschaftszweigen tappten sie einfach im Dunkeln.

Hans und Meta Bergen kam nun die Idee, ihre jeweils im Zeitpunkt des Todes des Überlebenden von ihnen gesetzlich erbberechtigten Verwandten zu ihren Erben einzusetzen. Weil die Erben namentlich nicht festgestellt waren, sollte ihr Freund, Rechtsanwalt Findeisen, als Testamentsvollstrecker die Erben ermitteln, den Nachlass verwalten und dann verteilen. Auch hatten sie besondere Wünsche zur Grabpflege: Jede Woche muss das Grab mit einem Blumenstrauß geschmückt werden und an Weihnachten hat ein mit Kunstschnee versehenes

Tännchen auf dem Grab zu stehen. Sie wussten um die hohen Kosten, aber sie hatten's ja.

II.

Es kommt in den notariellen Testamentsbesprechungen oft vor, dass der Testierer mehrere Erben einsetzen, verschiedene Vermächtnisanordnungen und weitere Bestimmungen treffen will.

Dabei bewegt ihn die Frage, wie es einmal nach seinem Tod zugehen wird. Werden die Erben friedlich teilen? Werden die Anordnungen oder sonstigen persönlichen Wünsche ausgeführt? Wie wird es gehen, wenn Dritte – berechtigt oder unberechtigt – Ansprüche an den Nachlass stellen oder sogar einen Rechtsstreit gegen die Erben anstrengen?

Das Erbrecht nimmt diese Gedanken in dem Rechtsinstrument der Testamentsvollstreckung auf. Der Testierer kann einen Testamentsvollstrecker ernennen. Dabei ist es gut, wenn er die Person des Testamentsvollstreckers – wie bei den Eheleuten Bergen – kennt und zu ihm in einem Vertrauensverhältnis steht. Er kann mit ihm im Vorfeld alle ihn bewegenden Fragen besprechen. Dadurch weiß er, dass nach seinem Tod jemand da ist, der die Fäden in die Hand nimmt und seinen letzten Willen vollstreckt.

Kennt er jedoch niemanden, kann auch im Testament das Nachlassgericht ersucht werden, eine geeignete Person als Testamentsvollstrecker zu bestimmen.

Ein Testamentsvollstrecker ist eine mit vielen Rechten, aber auch Pflichten ausgestattete Rechtspersönlichkeit. Er hat nach dem Tod des Testierers, der Testamentseröffnung und seiner Amtsannahme die Erben festzustellen, den Nachlass in Besitz zu nehmen, ihn zu verwalten und über Nachlassgegenstände zu verfügen. Für sein Handeln braucht er grundsätzlich nicht die Zustimmung der Erben. Der Testamentsvollstrecker zahlt die Schulden des Verstorbenen, und er ist berechtigt, Verbindlichkeiten für den Nachlass einzugehen. Natürlich wird eine ordnungsgemäße Verwaltung des Nachlasses verlangt. Auch ist er den Erben gegenüber zur Rechenschaft verpflichtet. Der Testamentsvollstrecker überschreitet seine Befugnis, wenn er unentgeltliche Verfügungen vornimmt. Ausgenommen hiervon sind nur Schenkungen, die »einer sittlichen Pflicht oder einer auf den Anstand zu nehmenden Rücksicht« entsprechen.

Schließlich erstellt der Testamentsvollstrecker den Auseinandersetzungsplan und weist den Erben die Erbschaft entsprechend ihrer Erbteile zu. Im Testament kann auch bestimmt werden, dass der Testamentsvollstrecker nur einen Erbteil, auch nach Auseinandersetzung, verwalten soll. Dies wird beispielsweise erforderlich, wenn die Erbschaft eines minderjährigen Kindes nicht von seinen Eltern verwaltet werden darf oder ein Behinderter Erbe werden soll.

Rechtsanwalt Findeisen hat, als die Eheleute Bergen plötzlich starben, die ihm übertragenen Aufgaben wahrgenommen. Dabei kostete ihn die Erbenermittlung viel Zeit. Bei manchen Erbstämmen gab es einfach kein Weiterkommen. Eine Verwandtschaftslinie wanderte vor 100 Jahren nach Südamerika aus, hier waren alle Spuren verwischt. Bei einem anderen Verwandtschaftsstamm waren die Kriegswirren schuld, dass alle Abstammungsunterlagen untergegangen sind. Doch schließlich ermittelte Rechtsanwalt Findeisen 42 Erben. Die noch »ungeklärten Stämme« wurden im Erbscheinsverfahren ausgeschlossen, was bei Vorliegen verschiedener Voraussetzungen zulässig ist.

Rechtsanwalt Findeisen erfüllte auch durch Abschluss eines entsprechenden Grabpflegevertrags den etwas ungewöhnlichen Erblasserwunsch und verteilte dann den Nachlass unter die Erben. Alle bekamen nicht unerhebliche Beträge.

Für Rechtsanwalt Findeisen war die Abwicklung schließlich mit einem befriedigenden Gefühl verbunden: Wann kommt es in einem Rechtsanwalt-Leben schon einmal vor, dass man für seine Arbeit nur Dankesbriefe erhält?

III.

Es ist vor allem der Hebräerbrief, der darauf aufmerksam macht, dass Jesus Christus der Vollstrecker des göttlichen Testaments ist. In diesem Brief geht es vor allem um die Einmaligkeit Jesu Christi. Er zeigt auf, dass der Alte Bund (das Alte Testament) nicht entwertet, aber durch den Neuen Bund (das Neue Testament) erfüllt ist. Dem Schreiber des Hebräerbriefs ist es ein Anliegen zu zeigen, dass das Priestertum Jesu höher ist als das im Alten Testament gültige. Dort waren es die vielen, hier ist es der eine. Dort alles in Schwachheit und Sünde, hier der Herr ohne Sünde und darum in Kraft. Dort starben unzählig viele Tiere als Zeichen der Versöhnung, hier Jesus, das Lamm Gottes, das der Welt Sünde trägt.

In Hebräer 8,6 wird dies wie folgt zusammengefasst:

»Nun aber hat er (Jesus Christus) ein höheres Amt empfangen, wie er ja auch der Mittler (Vollstrecker) eines besseren Bundes (Testaments) ist, der auf bessere Verheißungen gegründet ist. Denn wenn der erste Bund untadelig gewesen wäre, würde nicht Raum für einen anderen gesucht.«

Ursprünglich hat Luther hier übersetzt, dass Jesus »eines besseren Testaments Mittler« ist. Und in Kapitel 7,22 steht: »So ist Jesus ein viel besserer Testamentsausrichter geworden.«

Um die Bedeutung dieser »geistlichen Testamentsvollstreckung« zu verstehen und einzuordnen, kann die Testamentsvollstreckung des Bürgerlichen Gesetzbuchs Impulse und Anregungen geben:

1. Ein Testamentsvollstrecker wird vom Testierer bestimmt.
   So wie das grundsätzlich im Bürgerlichen Gesetzbuch vorgesehen ist, dass der Testierer in seinem Testament den ihm bekannten Testamentsvollstrecker ernennt, hat Gott in seinem Neuen Bund, den er im Neuen Testament festgelegt hat, seinen Sohn zum Testamentsvollstrecker bestimmt. Er, Christus, ist der Mittler zwischen ihm und der Welt. »Denn es ist ein Gott und ein Mittler zwischen Gott und den Menschen, nämlich der Mensch Christus Jesus, der sich selbst gegeben hat für alle zur Erlösung« (1. Timotheus 2,5). Aus vielen Stellen der Bibel wird deutlich, dass Gott seinen Sohn Jesus Christus zu dieser einmaligen Aufgabe bestimmt hat. Stellvertretend soll hier das Wort erwähnt werden, das Gott bei der Verklärung Jesu sagen ließ: »Dies

ist mein lieber Sohn, an dem ich Wohlgefallen habe. Den sollt ihr hören!« (Matthäus 17,5)

2. Der Testamentsvollstrecker führt den Willen des Testierers aus.
   Das gilt auch für Jesus Christus. Er war seinem Vater gehorsam in allem. Sein innerstes Anliegen war: »Ja, Vater!« (Lukas 22,42; Johannes 4,34; Johannes 5,30). Christus achtete in allem darauf, das zu tun, was das göttliche Testament, der Neue Bund, vorgab und darin bestimmt war.

3. Ein Testamentsvollstrecker verteilt die Erbschaft.
   Jesus verwaltet die Fülle seines Vaters. Ihm ist alles übertragen. In ihm wohnt ja die Fülle der Gottheit leibhaftig (Kolosser 2,9). Er sucht Erben und teilt dann auch die göttliche Erbschaft zu. Sie ist in den Gaben unterschiedlich, nicht aber im Wesen. Göttliches Wesen ist der Inhalt des von Jesus dem Einzelnen zugewiesenen Erbteils. Danach sehnt sich letztlich jeder Mensch.
   So wie ein irdischer Testamentsvollstrecker die Fäden in der Hand hält, so ist das auch im Geistlichen: Jesus ist der Garant, dass Konflikte und Streitigkeiten unter den Erben nicht ausufern, sondern durch seine Autorität überwunden werden. Er vermittelt Verständnis für die Verschiedenheit der Erben und der Erbteile, die gegenseitige Wertachtung und Liebe, denn er ist ja von Gott uns »zur Weisheit, zur Gerechtigkeit, zur Heiligung und zur Erlösung gemacht« (1. Korinther 1,30).

Vollmacht

I.

Anni Kunze vertraute ihrem Sohn Sebastian ganz. Sie hatte ja nur ihn. Auch war sie ein bisschen stolz auf Sebastian. Sein Charme, sein gutes Aussehen und seine Geschäftstüchtigkeit ermöglichten ihm einiges. Angeregt durch einen Vortrag erteilte sie ihrem Sohn eine Generalvollmacht. Sie, die 76-Jährige, wollte geregelt wissen, wer über ihr Vermögen entscheidet, wenn sie plötzlich ihre geistigen Kräfte verliert.

In die Vollmacht wurden auch die persönlichen Angelegenheiten aufgenommen: Wer im Ernstfall ihren Aufenthalt bestimmt, wer die Zustimmung zu eventuellen ärztlichen Behandlungsmaßnahmen gibt, wer Ansprechpartner sein soll, wenn es um die Frage der Gesundheitsfürsorge geht. Auch in diesen Bereichen sollte Sebastian das Sagen haben. Sie war ganz überrascht, als sie vom Notar hörte, dass Sebastian als Sohn nicht automatisch dazu berechtigt ist. Wenn solche Bestimmungen in einer Vollmacht fehlen, muss gegebenenfalls eine Betreuung angeordnet werden.

Nun war durch die notarielle Vollmacht ihre Vertretung für den Ernstfall geregelt. Sebastian wusste auch, wo sie die Ausfertigung der Vollmacht aufbewahrte. So konnte er sofort für sie tätig werden.

Der Ernstfall kam schneller als erwartet. Anni Kunze wurde von heute auf morgen pflegebedürftig. Gut, dass Sebastian schnell und unbürokratisch seine Mutter vertreten konnte: Bei den anstehenden Geldgeschäften, beim Abschluss des Heimvertrags im Alten- und Pflegeheim, bei der Unterzeichnung der Steuererklärung. Hier hatte er wenigstens keine Probleme.

Persönlich stand ihm das Wasser bis zum Hals. Durch verschiedene Haftungsfälle kam er in finanzielle Engpässe. Auch sein großzügiger Lebensstil kostete viel Geld. In dieser Situation kam Sebastian auf eine gefährliche Idee: Er kann ja die Eigentumswohnung seiner Mutter verkaufen, in die sie nicht mehr zurückkehren wird. Mit dem Geld ist er saniert. Die nicht gedeckten Heimkosten wird er aus eigener Tasche zahlen. Mutter ist im Alten- und Pflegeheim optimal versorgt. Schließlich beerbt er sie ja doch einmal.

Gesagt, getan. Mit der umfassenden Vollmacht konnte er alles erledigen, sogar die Umbuchung des erzielten Kaufpreises vom Konto von Anni Kunze auf seines. Die Befreiung vom so genannten Verbot des Selbstkontrahierens hat's möglich gemacht. Sebastian Kunze atmete durch.

Doch aus unerklärlichen Gründen zahlte Sebastian die Differenzbeträge zwischen Rente und Heimkosten nicht an das Alten- und Pflegeheim. Nach einem halben Jahr beliefen sich die offenen Heimkosten auf 20.000,– DM. Weil er sich trotz mehrmaliger Aufforderung nicht rührte, setzte sich die Heimleitung mit dem Notariat in Verbindung, sich dieses Falles doch anzunehmen. Man könne doch die alte Frau nicht einfach »an die frische Luft« setzen. Auch sehe man keine Möglichkeit, wie die Generalvollmacht zu widerrufen sei, meinte der Heimleiter.

II.

Vollmacht ist die Durchführung eines Auftrags. Ihre **Erteilung** erfolgt durch Erklärung gegenüber dem Bevollmächtigten. In der Vollmacht ist **Inhalt** und Umfang des Auftrags genau zu bezeichnen. Es gibt eine spezielle Vollmacht, bei der der Bevollmächtigte eine oder mehrere ganz konkret bezeichnete Aufgaben für den Vollmachtgeber wahrzunehmen hat, aber auch die Generalvollmacht, die eine Gesamtvertretung beinhaltet. Grundsätzlich bedarf die Vollmacht keiner Form. Soll sie aber unwiderruflich erteilt werden, ist die notarielle Beurkundung geboten. Ist sie für den Grundstücksverkehr bestimmt, muss der Vollmachtgeber seine Unterschrift beglaubigen lassen.

Die Vollmacht wirkt nach außen. Solange der Bevollmächtigte die Vollmachtsurkunde oder bei beurkundeten Vollmachten eine Ausfertigung besitzt, kann er von der Vollmacht Gebrauch machen, selbst wenn der Vollmachtgeber sie widerrufen hat. Der **Widerruf** der Vollmacht ist grundsätzlich möglich.

In der Vollmacht kann auch bestimmt werden, dass sie übertragbar ist und sie nicht mit dem Tod des Vollmachtgebers erlischt.

Schließlich kann dem Bevollmächtigten gestattet werden, im Namen des Vollmachtgebers mit sich in eigenem Namen oder als Vertreter eines Dritten Rechtsgeschäfte vorzunehmen. Gerade diese nicht ungefährliche Befreiung vom so genannten Verbot des Selbstkontrahierens sollte bei jeder Vollmachtserteilung bedacht werden.

Sebastian Kunze wurde diese Befreiung erteilt. Deswegen konnte er auch den Kaufpreis auf sein Konto umbuchen.

Bis vor einigen Jahren war es nicht möglich, für Bereiche der persönlichen Betreuung eine Vollmacht zu erteilen. Darunter fällt das Recht, den Aufenthalt des Vollmachtgebers zu bestimmen, die Zustimmung zu ärztlich vorgegebenen Behandlungsmaßnahmen zu erteilen oder auch in Anordnungen einzuwilligen, die mit freiheitseinschränkenden Maßnahmen verbunden sind (z. B. das Anbringen eines Bettgurts oder Bettgitters bei einem Pflegebedürftigen in einem Alten- und Pflegeheim). Man war früher der Auffassung, dass diese Bereiche als Teil des Persönlichkeitsrechts nicht übertragbar sind, so wenig z. B. eine Vertretung bei der Eheschließung möglich ist. Solche Vollmachten, die man als Alters- und Vorsorgevollmachten bezeichnet, werden heute zugelassen, wobei die herrschende Meinung die notarielle Beurkundung verlangt.

Eine solche umfassende Vollmacht hatte auch Anni Kunze ihrem Sohn Sebastian erteilt. Infolge ihrer geistigen Gebrechlichkeit war ein Widerruf durch sie ausgeschlossen. Für solche Fälle kann das Vormundschaftsgericht einen so genannten Kontrollbetreuer bestellen, der die Aufgabe erhält, die Vollmacht zu widerrufen. So wurde das auch im Fall Kunze praktiziert.

Ein solches Vollmachtsgeschehen ist sicherlich die Ausnahme. Es zeigt aber, wie gefährlich die Erteilung einer Vollmacht, insbesondere einer Generalvollmacht, sein kann. Deshalb ist ein uneingeschränktes Vertrauen zum Bevollmächtigten oberstes Gebot.

III.

Vollmacht ist ein Wort, das in der Lutherbibel praktisch nicht vorkommt. Es ist erst im 14. Jahrhundert in die deutsche Sprache und hier vor allem im Juristendeutsch aufgenommen worden. Luther hat in seiner Übersetzung vor allem Worte gebraucht, mit dem das Volk etwas anfangen konnte. Deswegen hat er Worte wie »Macht« oder »gewaltig« verwendet. Die griechische Sprache hat für diesen Begriff das Wort »exousia«. Es ist die geordnete Macht, die sich nach bestimmten Regeln oder Ordnungen vollzieht. Sie wird auf bestimmte Zeit gegeben und ist auch kein eigenes Recht, das man sich selber geben kann. Grundlage für die Erteilung der Vollmacht ist das bestehende Vertrauen dem gegenüber, der bevollmächtigt wird.

All diese Rechtsgedanken sind praktisch in den Vorschriften über die Vollmacht des Bürgerlichen Gesetzbuchs aufgenommen. Sie gelten auch für die biblische Vollmacht. Wer echt, klar und überzeugend leben möchte, weiß, dass er diese Vollmacht braucht.

Bei der Vollmacht des Bürgerlichen Gesetzbuchs waren es drei Grundlinien, die aufgefallen sind: die Erteilung, der Inhalt und der Widerruf der Vollmacht. Diese erkennen wir auch in der biblischen Vollmacht:

1. Erteilung der Vollmacht:
   Wenn ein Mensch Christ wird, vollzieht sich ein Stück Vollmachtgeschehens: »Wie viele ihn aber aufnahmen, denen gab er Macht, Gottes Kinder zu werden, denen, die an seinen Namen glauben« (Johannes 1,12). Hans Bruns übersetzt hier: »Allen denen aber, die

ihn aufnahmen, schenkte er Vollmacht, Kinder Gottes zu werden. Das sind die, die auf seinen Namen vertrauen.«

Die Erteilung der Vollmacht erfolgt zunächst ganz persönlich. Gott ruft beim Namen. Sicher erhält sie jeder Mensch auf unterschiedliche Weise, oft in besonderen Situationen, aber so, dass er diese Beschlagnahme und Beauftragung erfährt. Dabei werden Einwände des Berufenen beiseite geschoben. Wir kennen sie aus den in der Bibel aufgezeichneten Lebensläufen von Männern und Frauen, die Gott gerufen und bevollmächtigt hat:

»Ich bin zu jung.«
»Ich kann in der Öffentlichkeit nicht reden.«
»Ich bin unbegabt.«
»Werden mir die Menschen glauben?«
»Wer wird mich ernst nehmen?«
»Ich habe keine Zeit.«

All diese Einwände sind vor Gott ungültig. Er will, dass wir in unserem Leben erkennen, was wesentlich ist und Bestand hat. Dabei beauftragt er den Einzelnen, verbindet aber alle untereinander in der sichtbaren Gemeinschaft von Brüdern und Schwestern, die beraten, helfen und ermutigen, Gottes Vollmacht glaubhaft auszuleben.

Wer sich so von Gott in seine Nachfolge rufen und verpflichten lässt, empfängt Gottes Vollmacht. Gott erteilt sie spezifisch je nach Bestimmung.

Wo göttliche Vollmacht erteilt ist und aus ihr gelebt und gehandelt wird, vollzieht sich Gottes Plan. Das ist

gut zu wissen. Freilich bleibt dies für uns meistens verborgen. Der Christ lebt im Glauben und noch nicht im Schauen! Der Tag Christi wird's offenbaren.
Entscheidend für die Erteilung der Vollmacht ist also, dass der Christ mit Gott in Verbindung kommt. Darauf baut Gott auf, auch den Umfang der Vollmacht. So ist das neutestamentliche Verständnis von Vollmacht nicht zuerst quantitativ, sondern vielmehr qualitativ ausgerichtet. Entscheidend bei allem Wirken eines Menschen ist die Frage: Von wem hat er Vollmacht erhalten?

2. Inhalt der Vollmacht:
Inhalt der Vollmacht ist das Reden und Schweigen, Tun und Lassen im Sinne Jesu. Die von Jesus ausgelebte Vollmacht hat Vorbildfunktion: Er lebte in dieser Verbundenheit mit seinem Vater. Einmal predigte er evangelistisch, das andere Mal wirkte er seelsorgerlich. Einmal galt es zu heilen, das andere Mal, die Gegend zu verlassen. In dem Maße, wie man als Christ in Kontakt zu Gott steht, mit ihm verbunden ist, wird göttliche Vollmacht real: Der Mensch redet und schweigt zur rechten Zeit und am rechten Platz und sein Tun und Lassen entspringt nicht aus der menschlichen Sphäre.
Das Neue Testament kennt verschiedene Inhalte göttlicher Vollmachten: Es spricht von der Vollmacht, dass
– Menschen durch das Wort getroffen und ihrer Sünden überführt werden,
– Menschen Vergebung ihrer Sünden erlangen,
– Kranke geheilt werden,
– belastende und gottwidrige Geister ausfahren.

Das Ziel vollmächtigen Handelns ist dabei jeweils, dass dem Menschen geholfen, die Gemeinde auferbaut und Gott gepriesen wird.

3. Widerruf der Vollmacht:
Gott, der die Vollmacht erteilt, kann sie auch wieder zurücknehmen – widerrufen. Er tut das nicht willkürlich, sondern dann, wenn der Bevollmächtigte Anlass dazu gibt. Das kann sein, wenn er seinen eigenen Willen vorrangig praktiziert. Das war der Grund, weshalb auch die Vollmacht von Sebastian Kunze widerrufen werden musste. Gott sieht sich genötigt, die dem Menschen erteilte göttliche Vollmacht zu widerrufen, wenn er ungehorsam ist.
Ein weiterer Grund für den Vollmachtwiderruf entsteht, wenn beim Bevollmächtigten die Korrekturbereitschaft fehlt. Jeder Christ hat besondere Gaben, aber nicht alle Gaben. Sie bedürfen der Ergänzung. Wer sich dies nicht gefallen lässt, wird einseitig und engstirnig und verliert auch insoweit geistliche Vollmacht.

Betreuung

I.

Der tragische Unfall ereignete sich am Freitagabend. Dr. Rolf Schwabenland, Steuerberater und Wirtschaftsprüfer, befand sich nach einem Klientenbesuch auf dem Heimweg. Auf regennasser Straße verunglückte er schwer mit seinem Porsche. Bei einem gewagten Überholmanöver kam er ins Schleudern. Sein Wagen überschlug sich. Mit schwersten Hirnverletzungen und komplizierten Knochenbrüchen wurde er ins Krankenhaus eingeliefert. Die Ärzte ließen Frau Schwabenland wenig Hoffnung. Sie sprachen davon, dass Dr. Schwabenland möglicherweise bleibende Hirnschädigungen davontragen würde, sodass er unter Umständen seinen Beruf nicht mehr würde ausüben können.

Erst vor zwei Jahren hatte Dr. Schwabenland die Steuerberatungspraxis übernommen, die jetzt wieder einen umfangreichen Klientenstamm hatte.

Frau Schwabenland arbeitete zwar im Büro ihres Mannes mit, hatte manche Informationen, aber keinerlei Berechtigung, die Klienten rechtswirksam zu vertreten und verbindliche Unterschriften abzugeben. Sie konnte bei den Banken, Finanzämtern und Behörden nichts mehr ausrichten. Hinzu kam, dass die Ärzte für anstehende medizinische Behandlungsmaßnahmen die Zustimmung verlangten, die ihr Mann nicht abgeben konnte.

In der Not wandte sich Frau Schwabenland an den Notar.

Da Dr. Schwabenland keinerlei Vollmachten erteilt hatte, zeichnete es sich schnell ab, was zu tun war: Für ihn musste unverzüglich ein Betreuer bestellt werden.

II.

Vor einigen Jahren hat der Gesetzgeber das Rechtsinstrument der Betreuung geschaffen, das im 4. Buch des Bürgerlichen Gesetzbuchs verankert wurde. Es löste die Vorschriften der Entmündigung und der Gebrechlichkeitspflegschaft ab.

Vielfältig sind die Abläufe, in denen ein Betreuungsverfahren eingeleitet werden muss:

Da ist zum Beispiel das körperlich, geistig oder seelisch behinderte Kind, das vielleicht mongoloid zur Welt gekommen ist. Solange die Eltern ein Ja zur Behinderung des Kindes finden und es begleiten, können viele Probleme gelöst werden. Mit seiner Volljährigkeit endet aber die gesetzliche Vertretung. Hier entsteht Handlungsbedarf.

Wir wissen um die psychischen Krankheiten. Menschen, die oft aus unerklärlichen Gründen nicht mehr in der Lage sind, ihre Angelegenheiten zu besorgen, brauchen Hilfe. Sehr unterschiedlich können solche Erkrankungen sein: eine schwere endogene Depression, ein schizophrenes Verhalten oder eine Drogensucht, die zur Veränderung der Persönlichkeit geführt hat.

Die Mehrzahl von Betreuungsanordnungen erfassen jedoch den alt gewordenen Menschen, dessen körperliche, geistige und seelische Kräfte im Abnehmen begriffen sind und der eines Betreuers bedarf, aber auch dann, wenn – wie bei Dr. Schwabenland – ganz plötzlich gesundheitliche Schädigungen auftreten, ist ein Betreuungsverfahren erforderlich. Natürlich entfällt die Einleitung eines Betreuungsverfahrens, wenn in guten Tagen einer Vertrauensperson eine entsprechende Vollmacht ausgestellt wird.

Unabhängig, welche Erkrankung oder Behinderung vorliegt, achtet der Gesetzgeber jeden Menschen als Persönlichkeit, die grundsätzlich durch die Anordnung einer Betreuung keine persönlichen Rechtsverluste erleiden darf. Er bleibt geschäftsfähig, wenn er (noch) geschäftsfähig ist, und wird nicht – wie das früher im Entmündigungsverfahren der Fall war – einem minderjährigen Kind gleichgestellt. Nur wenn es zur Abwendung einer erheblichen Gefahr für die Person oder das Vermögen des Betreuten erforderlich ist, kann das Vormundschaftsgericht festlegen, dass der Betreute zu einer Willenserklärung der Einwilligung des Betreuers bedarf, so genannter Einwilligungsvorbehalt.

Eine Betreuung wird angeordnet, wenn dies in einem fachärztlichen Gutachten für erforderlich erachtet wird und der Vormundschaftsrichter – in Württemberg der Notar im Landesdienst – den betreffenden Menschen persönlich angehört hat. Diese persönliche Anhörung ist in jedem Fall erforderlich, auch wenn eine Verständigung mit ihm nicht (mehr) möglich ist. Hier genügt dann der unmittelbare Eindruck des Vormundschaftsrichters, den er festzuhalten und zu protokollieren hat. Auch daraus ist der Ansatz des Gesetzgebers erkennbar, dass er den kranken und behinderten Menschen als Rechtspersönlichkeit wertet und achtet.

Im Anordnungsbeschluss sind die Aufgabenbereiche genau zu beschreiben. In der Regel ist der Betreuer verantwortlich für

– die Vermögensfürsorge,
– das Aufenthaltsbestimmungsrecht,
– die Gesundheitsfürsorge und
– die Zustimmung zu ärztlichen Behandlungsmaßnahmen.

Bei Dr. Schwabenland mussten weiter ganz spezifische Aufgabenkreise, die vor allem mit der Praxis zusammenhingen, mit aufgenommen werden.

Eine angeordnete Betreuung unterliegt in der Regel nach fünf Jahren der Überprüfung. Einen Betreuer auf Lebenszeit des Betreuten zu bestellen ist unzulässig, selbst wenn die Behinderung oder die Krankheit dauernd sein wird.

Das Entscheidende – und hier hat sich der Gesetzgeber viel Gedanken gemacht – ist die Person des Betreuers. In der Regel ist es eine natürliche Person, die geeignet ist, in rechtlicher Hinsicht die Angelegenheiten des Betreuten zu besorgen. Meistens geht man zunächst auf die Angehörigen zu, auf die Kinder oder den Ehegatten. So war das auch bei Dr. Schwabenland. Zwar haben die Angehörigen ein Vorschlagsrecht, von dem man ohne zwingenden Grund nicht abweichen wird, es fehlt aber oft an geeigneten Betreuern.

In unserer Gesellschaft, in der es den meisten überdurchschnittlich gut geht, müsste vom Solidaritätsgedanken ein breites Angebot von Betreuern vorhanden sein: Menschen, die es für ihre Pflicht ansehen, die auf der Schattenseite des Lebens Stehenden zu betreuen. Aber weit gefehlt! Deswegen haben sich aufgrund gesetzgeberischer Vorgabe so genannte Betreuungsvereine gebildet, die ebenfalls zum Betreuer bestellt werden können. Der Verein überträgt dann die Wahrnehmung der Betreuung einzelnen Personen, die er sammelt und für diese Aufgaben fördert.

Der Betreuer hat die Angelegenheiten des Betreuten so zu besorgen, wie es dessen **Wohl** entspricht. Auf das Wohl des Betreuten kommt es also an! Deswegen hat der Betreuer regelmäßig Kontakt zum Betreuten wahrzunehmen und ihn die Fürsorge spüren zu lassen.

Die Betreuung wird durch einen Beschluss des Vormundschaftsgerichts angeordnet, indem der Betreuer in das Amt eingesetzt und in seine Aufgaben eingewiesen wird. Der Betreuer ist gegenüber dem Vormundschaftsgericht zur Rechenschaft verpflichtet. Bei wichtigen Entscheidungen besteht darüber hinaus die Genehmigungspflicht des Vormundschaftsgerichts.

III.

In dem Wort »Betreuung« steckt das Wort »Treue«. Überrascht es nicht, dass der Gesetzgeber ein Wort aufgegriffen hat, das in unseren Jahren einen besonderen Niedergang erfahren hat? Man hätte sich durchweg auch andere Begriffe vorstellen können wie Beistandschaft. Das war zum Beispiel der Vorschlag der Kirchen während der Anhörungsrunde.

In unserer Zeit ist Treue nicht mehr gefragt. Dieses Wort ist in unserem Sprachgebrauch – nicht nur von der jungen Generation – praktisch ausradiert. Selbst in verschiedenen kirchlichen Kreisen denkt man heute darüber nach, wie bei der Eheschließung dieses »bis dass der Tod euch scheidet« anders formuliert werden kann.

Treue ist die innere Haltung, aus der heraus Versprechen und Verpflichtungen erfüllt werden. Nicht nur in einer Ehe lebt man von der Treue. Ich verspreche Treue und erfülle die Verpflichtung, die ich gegeben habe, daraus folgt das Vertrauen. Auf einen solchen Menschen ist Verlass. Versprechen und Verpflichtung auf der einen Seite, Vertrauen und Verlass auf der anderen Seite: Diese Wechselbeziehung gehört untrennbar zusammen. Eine Gesellschaft, ein Volk brauchen beides. Wo Treue nicht mehr groß geschrieben wird, gehen ethische Grundwerte verloren.

Deshalb ist es zunächst positiv zu werten, dass der Gesetzgeber – vielleicht ganz unbewusst – dieses angeschlagene Wort wieder etwas aufwertet.

Auch das Rechtsinstrument der Betreuung weist auf geistlichen Inhalt hin und lässt zwei Fragen entstehen:

1. Bedarf nicht jeder Mensch einer Betreuung?
   Sind wir oft nicht auch sprachlos Gott gegenüber? Hören wir nicht oft schlecht, wenn Gott etwas sagen will? So vielfältig wie unsere menschlichen Behinderungen sein können, so vielfältig sind auch unsere Defizite gegenüber Gott.
   Nun aber überrascht uns das Wort Gottes. Gott erwählt nicht das Starke, Dynamische, Kluge, sondern »was schwach ist vor der Welt, das hat Gott erwählt« (1. Korinther 1,27). In Lukas 10,21 spricht Jesus diesen Gedanken selbst aus. Er freut sich im Geist und spricht: »Ich preise dich, Vater, Herr des Himmels und der Erde, weil du dies (nämlich wie man ein Kind

Gottes wird) den Weisen und Klugen verborgen hast und hast es den Unmündigen offenbart.«
Gott geht ganz besonders den Schwachen nach. Und wohl dem Menschen, der sich im Lichte Gottes als schwach erkennt und die göttliche Hilfe braucht. Wohl dem Menschen, der um seine Behinderungen weiß.

2. Ist Gott nicht der beste Betreuer?
Treue ist die originäre Eigenschaft Gottes. So lesen wir zum Beispiel in
1. Korinther 1,9: »Gott ist treu, der euch berufen hat.«
2. Timotheus 2,13: »Sind wir untreu, so bleibt er doch treu ...«
Psalm 86,15: »Du aber, Gott, bist barmherzig, gnädig, geduldig und von großer Güte und Treue.«
Auch Jesus besitzt diese Eigenschaft:
Offenbarung 1,5: »...Jesus Christus, welcher ist der treue Zeuge und Erstgeborene von den Toten.«
Offenbarung 3,14: »Das sagt, der Amen heißt, der treue und wahrhaftige Zeuge, der Anfang der Schöpfung Gottes.«
Offenbarung 19,11: »... und ich sah ein weißes Pferd, und der darauf saß, der hieß treu und wahrhaftig.«
Auf diese Treue ist Verlass. Ihr kann man sich in allen Ausweglosigkeiten anvertrauen. Wenn niemand mehr da ist, dann hält er seine Treue aufrecht.

Alles Handeln und Wirken des Betreuers ist bei der gesetzlichen Betreuung des Bürgerlichen Gesetzbuchs auf das **Wohl** des Betreuten ausgerichtet.

Auch Gott, auch Jesus hat unser Wohl im Auge. Ihr Planen und Handeln für uns ist auf dieses Wohl ausgerichtet. In Psalm 37,5 heißt es: »Befiehl dem Herrn deine Wege und hoffe auf ihn, er wird's wohl machen.« Freilich handelt es sich um das Wohl aus der göttlichen Perspektive. Das verursacht beim Christen oft Schwierigkeiten. In ihnen soll er sich im Vertrauen üben und sich dem Betreuer überlassen. Paul Gerhardt (1607–1676) hat dies in eindrücklicher Weise erkannt und es in dem Lied über Psalm 37,5 treffend zusammengefasst:

»Dem Herren musst du trauen,
wenn dir's soll wohl ergehn.
Auf sein Werk musst du schauen,
wenn dein Werk soll bestehn.
Mit Sorgen und mit Grämen
und mit selbsteigner Pein,
lässt Gott sich gar nichts nehmen:
Es muss erbeten sein.«

Siegel

I.

Das Siegel gehört im Berufsalltag eines Notars zu seinem »Handwerkszeug«. So wie ein Maler ohne Pinsel nicht arbeiten kann, wie ein Maurer einfach die Kelle braucht, so gehört das Siegel in jedes Notariat.

Das Siegel ist ein **Bestätigungsmittel**. Es wird neben der Unterschrift des Notars angebracht und deutet an: Die Person X hat vor dem Notar unterschrieben.

Das Siegel ist auch ein **Sicherungsmittel**. Mit dem Siegel werden Dokumente für andere unantastbar gemacht. Das von einem Notar errichtete Testament kommt zunächst in einen Testamentsumschlag, der versiegelt und dann in die amtliche Testamentsverwahrung – einen Panzerschrank – gebracht, also auf diese Weise gesichert und aufbewahrt wird.

Das Siegel hat eine **Inschrift**. Zunächst enthält es das Landeswappen, dann den Namen des Notars oder des Notariats.

Entscheidend ist der **Siegelabdruck**: Er hat nur eine Bedeutung, wenn er das Original wiedergibt, lesbar und erkennbar. Früher wurde der Abdruck in Siegellack angefertigt. Heute erfolgt das vereinfacht durch die Siegelpresse. Aber unabhängig wie der Siegelabdruck hergestellt wird: Er ist eine Ausgabe des Originals.

II.

Auch die Bibel kennt das Siegel. Es wird an mehreren Stellen gebraucht. Dabei sind im Neuen Testament drei Linien zu erkennen:

1. Das Siegel **bestätigt** und **bewahrt**:
   Der Apostel Paulus schreibt an die Epheser: »Durch Christus habt ihr gehört das Wort der Wahrheit, das Evangelium von eurer Seligkeit; durch ihn seid ihr auch, da ihr gläubig wurdet, versiegelt worden mit dem Heiligen Geist der Verheißung« (Epheser 1,13).
   Wenn ein Mensch an Christus gläubig wird, besiegelt er einerseits, dass Gott wahrhaftig ist (Johannes 3,33). Gleichzeitig geschieht in der unsichtbaren Welt etwas Großartiges: Neben der Freude, dass wieder neues geistliches und ewiges Leben entstanden ist, erhält der Heilige Geist eine Sonderaufgabe. Er hat dem Menschen die Gewissheit zu vermitteln, dass er Gottes Kind ist (Römer 8,16). Er bestätigt ihm: Du gehörst durch Jesus Christus zu Gott!
   So wie die Hingabe des Lebens an Christus bildlich mittels einer Unterschrift vollzogen werden kann, wird darunter das geistliche Siegel als Bestätigung gesetzt: »Ich habe dich erlöst, ich habe dich bei deinem Namen gerufen, du bist mein« (Jesaja 43,1).

   Das Siegel ist aber auch ein Bewahrungsmittel. Der Apostel Paulus fordert die Christen auf: »Und betrübt nicht den Heiligen Geist Gottes, mit dem ihr versiegelt worden seid für den Tag der Erlösung« (Epheser 4,30). In der unsichtbaren Welt wird weiter das durch die Wiedergeburt neu entstandene Leben gesichert, bewahrt und für Satan unantastbar gemacht. Paulus ermutigt die Christen, den Heiligen Geist nicht zu betrüben, da er ihnen glaubhaft die Zusage Jesu bezeugen will: »Ich gebe ihnen das ewige Leben, und sie werden nimmermehr umkommen, und niemand wird sie aus meiner Hand reißen« (Johannes 10,28).

Versiegelung ist also ein Geschehen, das sich immer in der unsichtbaren Welt vollzieht und durch den Heiligen Geist dem Menschen vermittelt wird. Von daher kann die Versiegelung nicht von der christlichen Gemeinde als geistliches Handeln praktiziert werden.

2. Die **Inschrift** des Siegels:
Das göttliche Siegel hat auch eine Inschrift. Sie wird in 2. Timotheus 2,19 angedeutet: »Unerschütterlich fest liegt der Grundstein Gottes und trägt folgendes Siegel: »Der Herr kennt die Seinen«, und: »Wer den Namen des Herrn anruft, der trete ab von jeder Ungerechtigkeit« (nach Bruns).
Es sind also praktisch zwei Worte, die im göttlichen Siegel stehen: kennen und trennen.
Erstens: Gott erkennt seine Kinder daran, dass sie nicht nur seinen Namen kennen, sondern auch seinen Willen tun (Matthäus 7,21 ff.). Er steht ganz besonders zu denen, die seinen Namen vor Menschen bekannt haben (Matthäus 10,32 und 33).
Daraus folgt das Zweite: Gottes Kinder trennen sich von dem, was die Verbindung zu ihrem Vater unterbricht.

3. Der **Abdruck** des Siegels:
Jesus ist der Abglanz der Herrlichkeit Gottes und das Ebenbild seines Wesens, so heißt es in Hebräer 1,3.
Jesus ist also der Siegelabdruck Gottes.
Hans Bruns übersetzt hier: »Er hat das Gepräge seines Wesens«, und in der Elberfelder Übersetzung heißt es: »Er ist der Abdruck seines Wesens.«
So wie Jesus der Siegelabdruck Gottes ist, sollen wir als Christen von Jesu Wesen geprägt sein: in Gedanken, Worten und Taten. Denn das ist das Ziel eines Christen: so gestaltet zu werden, dass man in ihm Christus erkennt. Glaubensväter sprachen hier von der Jesus-Ähnlichkeit, und Peter Strauch, ein Liederdichter unserer Zeit, dichtet: »Jesus, wir sehen auf dich. Deine Liebe, sie will uns verändern. Und in uns spiegelt sich deine Herrlichkeit. Jesus, wir sehen auf dich.«
Dr. Paul Müller (1896–1983), der eine ganze Generation junger Menschen geistlich geprägt hat, erzählte einmal:
Bei einem Wettpflügen sollte **der** Bauer Sieger sein, der die geradeste Furche gezogen hatte. Beim ersten war sie gar nicht gerade; beim zweiten ging es etwas besser; aber der dritte zog die Furche schnurgerade. Auf die Frage, wohin sie während des Pflügens ihr Auge gerichtet haben, sagte der erste, er habe auf den Boden geschaut; der zweite hatte auf seine Pferde geblickt. Der dritte antwortete jedoch: Ich hatte einen Baum als Ziel, den habe ich fest ins Auge gefasst, auf den bin ich los gesteuert. Sein Blick war fest auf ein klares Ziel gerichtet. Deshalb zog er seine Furche schnurgerade.
Unser Ziel heißt Jesus Christus. Wenn wir unseren Blick fest auf ihn richten, gelingt unser Leben. Paulus

drückt dies so aus: »Indem wir die Herrlichkeit des Herrn anschauen, werden wir in sein Bild umgestaltet von Herrlichkeit zu Herrlichkeit« (2. Korinther 3,18).

Ach, Gott, versiegle doch mich Armen
mit deinem Geist auf ewig dir.
Du hast aus herzlichem Erbarmen
die Neugeburt gegeben mir.
Dies lass mir stets das Siegel sein,
dass ich gehöre dir allein.

Michael Hahn

Unsere Welt ist voll von Abbildern der vollkommenen Welt Gottes. Diese gilt es in den verschiedenen Bereichen zu entdecken. So erfährt man Gottes Größe.

Der Gott der Bibel ist auch ein Gott des Rechts. Dies Buch möchte einige solcher Vorgänge aus dem Gebiet des Bürgerlichen Rechts praxisnah aufzeigen.

Dieter Messner ist Notar in Korntal-Münchingen.

hänssler

Martin Landmesser & Johannes Sczepan (Hrsg.)

Was morgen zählt

Zukunft in Wirtschaft und Gesellschaft erfolgreich gestalten

Pb., 240 S., Nr. 392.751, ISBN 3-7751-2751-8

Wie gehen wir als Christen mit Veränderungen in Wirtschaft und Gesellschaft um? Und wie verhalten wir uns in einer Zeit, in der man über »Leichen« geht, um etwas zu erreichen?
Hier finden Christen Konzepte und Strategien für ein engagiertes und bewußtes Christsein in unserer Gesellschaft: zukunftsweisende Beiträge vom Deutschland-Kongreß 1996 von »Christen in der Wirtschaft«.

Bitte fragen Sie in Ihrer Buchhandlung nach diesem Buch! Oder schreiben Sie an den Hänssler-Verlag, Postfach 1220, D-73762 Neuhausen

hänssler

Martin Landmesser & Johannes Sczepan (Hrsg.)

Zukunft erfolgreich gestalten

Fit für die Herausforderung von morgen

Pb., 256 S., Nr. 392.893, ISBN 3-7751-2893-X

Beiträge von »Christen in der Wirtschaft«, Band 2!
Aus dem Inhalt:
u. a.

- Martin Landmesser: Herausforderung Zukunft
- Johannes Sczepan: Mobilität, die entscheidende Fitness für morgen
- Prof. Dr. Rumpf: Als Arbeitnehmer fit für den Arbeitsmarkt von morgen werden
- Dr. Jörg Knoblauch: Mitarbeiter zu Mitunternehmern machen
- Friedbert Gay: Wie Mitarbeiter fit für morgen werden
- Martin Krüger: Ganzheitlich wirken bringt sie voran

Bitte fragen Sie in Ihrer Buchhandlung nach diesem Buch!
Oder schreiben Sie an den Hänssler-Verlag, Postfach 1220, D-73762 Neuhausen